pen BOOKS

Islam &
Muslims

イスラムとは何か。

ペン編集部【編】

阪急コミュニケーションズ

いまから約１４００年前、一介の商人を預言者として突如勃興したイスラムという教え。単なる宗教としての枠を超え、イスラム諸国においては、国家や社会のあり方をも規定する、物差しのような存在だ。

しかしながら、おそらく大半の日本人は、「メッカ」や「コーラン」など断片的な知識しかもち合わせていないのではないか。そして、未知ゆえの恐怖感が、イスラムを見つめるわれわれの目を曇らせているのではないか。

土地の大半を砂漠に覆われたアラビア半島で育まれた宗教が、洋の東西を大きく超えて世界規模にまで広がった背景には、何が隠されているのだろうか。そこには、初めて目にするであろう、新鮮な驚きと発見があふれている。

どこか不思議な魅力を湛えた、イスラムの真実を知る旅へ、いざ。

パキスタン、ラホールに立つバードシャーヒー・モスク。バードシャーヒーとは「皇帝の」という意味。ムガル帝国時代に建造された。赤砂岩を基調とした壁と、白大理石に覆われたドームのコントラストが美しい。

目次

イスラムとは何か。

イスラムを知る

これだけは知りたい、イスラムの基礎知識。 8
永き信仰に守られた、大いなる3つの聖地。 15
メッカ（カーバ聖殿）／メディナ（預言者モスク）／
エルサレム（岩のドーム）
世界宗教の礎を築いた、預言者の伝説。 26
コーランに綴られた、完全なる神の言葉。 31
地図で理解する、イスラム勢力の変遷。 36
イスラム史1400年を、年表で追う。 39
キリスト教、ユダヤ教とは何が違うのか。 44

イスラムの建築と文化

世界で最もロマンティックな建築を巡ろう。 52

聖なる祈りが生んだ、壮麗な建築物。

用語 ― 特徴的な構造を理解するための用語解説。 62

歴史 ― 「預言者の家」から始まった、モスクの建築様式。 66

機能 ― 執政や学び……、機能により分化した集いの場。 70

地域 ― 気候風土に合わせ変化した、驚くべきモスク群。 74

新潮流 ― 想像を超えて進化する、21世紀型モスク 78

イスラム圏のアートは、「装飾」から発展した。 82

意外なほど自由で楽しい、イスラムの絵画。 86

東洋と西洋が出会い、工芸の枠は極まった。 90

驚異的な発展を遂げた、イスラム圏の科学。 94

数学／天文学・占星術／医学

かくも深遠な、イスラム教徒たちの音楽。 100

pen BOOKS
※本書は2012年5月刊行の『Pen+(ペン・プラス) いまこそ知りたい、イスラム』をもとに再編集したものです。

ムスリムたちの日常

現地ムスリムの、知られざる日常に密着！ 106
サウジアラビア／トルコ／パキスタン

現代アメリカを牽引する、3人のムスリム 122

時とともに変化、模索する女性のあり方。
はたして、コーランにはどのように書かれているか。 132
ヴェールのまとい方もさまざま、世界のムスリム女性。 137

70年以上の歴史を刻む、日本の2大モスク 142
東京ジャーミイ／神戸ムスリムモスク

日常生活で役に立つ、ムスリムとの交際術。 150

イスラムを知る

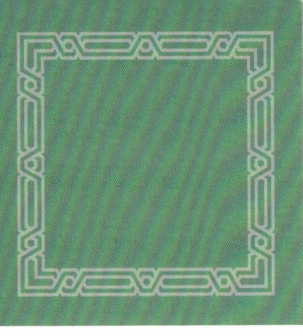

これだけは知りたい、イスラムの基礎知識。

Q1 「イスラム」とはどんな意味？

アラビア語で「神の教えに帰依すること」を意味するのが、イスラムという言葉。信者はムスリムと呼ばれ、「帰依する人」を指す。

イスラムへの入信は、洗礼のような儀式を必要としない。成人のムスリム2人を証人に、2つのアラビア語を宣誓するだけでよい。その言葉とは、「アシュハド・アン・ラー・イラーハ・イッラッラー」（アッラーのほかに神なし）と「ワ・アシュハド・アンナ・ムハンマダン・ラスールッラー」（ムハンマドはアッラーの使徒なり）の2つ。

ちなみに、「ハサン」「アブドゥッラー」といったイスラム名は、自分で決めることができる。よく知られた預言者の名前などを選ぶケースが多い。

Q2 創始者はいるのか？

イスラムの発端となった預言者が、ムハンマドだ。

彼は40歳のとき、神から最初の啓示を受け、以後、没するまで断続的に啓示を受け続ける。この啓示を書物にまとめたものがコーランだ。

神の言葉たるコーランとは別に、ムハンマド自身が日常生活で語った言葉やその行動に関する証言をまとめた言行録「ハディース」もイスラム法の法源とされる。ここには、ムスリムが遵守すべき規範や慣行が巡礼や断食、医療、結婚などさまざまな分野にわたり提示されている。

イスラムでは偶像崇拝を禁じているため、ムハンマドの肖像画や彫像は存在しない。伝承画でも、ムハンマドの顔はヴェールで覆われている。

Q3 イスラム諸国はすべてアラブ系？

イスラム＝中東エリアというイメージが強いかもしれないが、全人口の過半数をムスリムが占める国家は、世界で40カ国以上にものぼる。特定の人種や地域に留まることのない広がりを見せているのが、イスラムの特徴のひとつである。

イスラムを国教とする、あるいは人口の大半をムスリムが占めるイスラム教国は、中東から北アフリカにかけてのエリアに数多く存在するが、世界最多のムスリムを抱える国家はインドネシアである。マレーシアやモルディブなどもイスラムを国教として位置づけている。

また、ロシアや中国、インドのように、イスラム教国以外にも数多くのムスリムを抱える国もある。

Q4 他の宗教との関連性は？

ユダヤ教、キリスト教と続いてきた一神教の流れをくむのがイスラムだ。コーランは最後の啓示、ムハンマドは最後の預言者とされる。コーランはユダヤ教の旧約聖書、キリスト教の新約聖書を敷衍すると同時に、それらを置き換える存在となる。

もちろん、先行する旧約聖書と新約聖書については、コーランのなかで何度も言及されており、ムスリムも神の啓示として認めている。同じくコーランに登場するアダムとイブ、ヤコブ、ヨセフ、ダビデ、ソロモンなどは、ユダヤ教徒やキリスト教徒のみならずムスリムにとっても身近な存在だ。

逆にキリスト教では、ムハンマドを預言者として認めていない。

Q5 聖書のような聖典はある？

神の言葉をアラビア語で記した書物、「コーラン」を聖典とする。コーランは神の言葉と見なされた文章のみで構成されており、コーランの注釈は「タフスィール」（啓典解釈）と総称され、コーランを理解するための別のジャンルとして発展している。

コーランは聖書と異なり、翻訳版というものが存在しない。コーランの章句一つひとつには重層的な意味が含まれており、それを正しく表現できるのはアラビア語だけとされている。アラビア語以外で書かれたものは、あくまでコーランの解釈例であり、神の言葉ではない。ほかの言語で、その意味内容を一言一句置き換えることは不可能だ。

Q6 「アッラー」とはどんな神様？

アッラーとは、アラビア語でいう「神」のことで、英語のＧｏｄに該当。ユダヤ教におけるヤハウェと同じく、唯一絶対神を指す言葉だ。アッラーが大天使ジブリール（ガブリエル）を通じて預言者ムハンマドに啓示した言葉を集めたものがコーランであり、ムスリムにとって不可侵な存在である。

イスラム世界では、アッラーは「創造者」「慈悲深きお方」「王者」「平和なる者」「心優しき者」などアラビア語で99の美名をもつとされ、このアッラーの美名を唱えながら祈りを捧げるムスリムも少なくない。

イスラム神学には、「アッラーの唯一性」を論じるタウヒード学があり、今日も神のあり方については論争が続く。

Q7 モスクは教会やお寺と似ている？

多数のムスリムが一緒に礼拝可能なイスラム寺院がモスクだ。礼拝はキブラ（メッカの方角）に向かって行われるので、このキブラを軸としてモスクは建設される。

イスラム都市を構築する際には、最初にモスクを建て、そこを中心に病院や学校、住居などが建設されていった。現代でも、イスラム諸国ではそうした往時の名残を目にすることができる。

教会やお寺と比較した場合、祈りを捧げる場としての性格は共通しているが、いくつかの明確な違いがある。ひとつは、神や預言者を象徴するような像や絵画のたぐいが存在しないこと。これは、イスラムにおいて偶像崇拝が禁じられているためだ。

もうひとつは、礼拝に際し神父や僧侶といった、神との対話を「仲立ち」する存在がいないことだ。すべてのムスリムは、神と一対一で対峙し、祈りを捧げるのである。

Q8 イスラム教徒はどのくらいいる？

現在、約13億人のムスリムが存在するとされている。

これは世界人口の約5分の1に相当するが、その数は東南アジアやアフリカ地域を中心にいまも増加の一途をたどっており、いずれはキリスト教を抜き世界最大数の教徒を抱える宗教となる見込みだ。現在のペースでいくと、21世紀半ばにはその日が来るようだ。年に一度のメッカ大巡礼には、１００カ国以上から信者が集結するという。

日本にも外国人を中心として、常時数万人のムスリムが存在し、大小合わせて60以上のモスクがある。日本人がムスリムになるケースの大部分が結婚によるもの。

なお、ムスリムと結婚できる女性は、イスラム、もしくは同じ一神教であるユダヤ教ないしキリスト教の教徒である必要がある。一方ムスリム女性（ムスリマ）と結婚する男性は、選択の余地なくイスラムへ改宗しなければならない。

Q9 ジハード（聖戦）とテロの違いは？

ジハードとは、アラビア語で「戦い」「努力」を意味する。さらに大と小、２つのジハードに大別でき、「大ジハード」は自己の内面の悪と戦い信仰を深める努力のことで、「小ジハード」は共同体を侵略する敵との戦いのことをいう。

現代社会でジハードというと、ムスリムが異教徒に対し武器を取って戦うことを意味することが一般的になっている。このあたりが、イスラム過激派によるテロとジハードが混同される要因だ。

そもそもジハードの目的は、イスラムとウンマ（イスラム共同体）を守り、イスラムの教えを広めるところにある。コーランにも、ムスリムの義務として異教徒とのジハードについての言及がある。

テロ行為ではジハードが錦の御旗となることが多いが、単なる報復行為やムスリム同士の抗争へと発展することもあり、大部分が本来のジハードたる要件から外れている。

Q10

どれくらいの宗派がある？

イスラムの宗派は、大別するとスンナ派とシーア派の2つ。

スンナ派はイスラム世界全体の9割を占める多数派で、シーア派はイランやイラクでは大勢を占めるものの、全ムスリムの1割と少数派。シーア派には十二イマーム派、ザイド派、イスマーイール派などいくつかの分派がさらに存在する。

スンナ派とシーア派の最大の違いは、イマーム（宗教的指導者）に対するスタンスである。指導者であろうとも信徒であり、信徒は神の前ですべて平等である、とするのがスンナ派。預言者やイマームを神格化することはない。

一方シーア派は、預言者ムハンマドの血統を重視し、カリフ（ムハンマド没後のイスラム共同体後継者）としてムハンマドの従兄弟であるアリーのみを認め、以降アリーの子孫をイマームとして戴く。シーア派でイマームとは最高指導者という意味をもつ。

Q11

どうして豚肉を食べないの？

イスラムでは、飲食物をハラール（イスラム法的に食べてよいもの）とハラーム（禁忌品）に分けている。後者の代表格が豚肉で、コーランに「死肉、血、豚肉、およびアッラー以外の名で供えられたもの」（第2章173節）と明記されている。

ただし、豚肉を禁忌の対象とする理由までは記されていない。もともとアラビア半島には豚を不浄な存在として忌み嫌う風習のあったことが、ハラームとされた理由のひとつと考えられている。

また、ムスリムが「ビスミッラー」（アッラーの御名において）と唱えながら頸動脈を切断した動物の肉はハラール肉とされる。厳格なムスリムであれば、ハラール肉以外の肉は避ける。グローバル企業や留学生を多く抱える学校の食堂など、ムスリムと非ムスリムの混在する環境下では、ハラール肉用の調理器具を特別に用意しているケースも多い。

Q12 「断食」「割礼」はいまも行われている?

ムスリムはイスラム暦の第9月、ラマダン月の間、断食を行う。

時間帯はファジュル（夜明け前の礼拝）から日没までで、夜間は普通に飲食が可能となる。断食期間中は、性行為や喫煙も禁止されている。断食明けは、イード・アル・フィトル（明けの祭り）と呼ばれ、合同礼拝が催される。旅行者や病人、妊婦、乳幼児など合理的な理由があれば、断食を延期できる。

性器の一部を切り取る割礼は世界各地で散見され、ユダヤ教では義務とされている。イスラム世界においては、コーランでの言及はないがハディースに割礼に関する記述があり、そこから定着した慣習だ。

割礼の際には、親族が集まり内祝いをするのが一般的。生後間もなくから12歳くらいまでの間に行うのが望ましいとされるが、地域によって実施時期に幅がある。

永き信仰に守られた、大いなる3つの聖地。

黒き聖殿を中枢に抱く、始まりの地。

メッカ／カーバ聖殿 Mecca/Kaaba

イスラム最大の聖地、メッカ。イスラムの事実上の創始者で最後の預言者、ムハンマド生誕の地だ。世界が創造されてのちすぐ、唯一神たるアッラーに奉納された聖殿、カーバをその中枢に抱く。ムスリムの義務である1日5回の礼拝は、メッカのカーバ聖殿の方角（キブラ）に向けて行われる。

カーバとはアラビア語で立方体の意味で、文字通りの箱形の建物が聖殿として鎮座する。大理石を基盤とする高さ15mほどの建物は、全体をキスワと呼ばれる金色の聖なる刺繍を施した黒い布で覆われている。聖殿内部は、特に装飾などのない空洞だ。カーバ聖殿をぐるり囲むように設えられた聖モスクには、約100万人の収容が可能。

ムスリムであれば、余力のある限り少なくとも一生に一度は、メッカへの巡礼を果たす義務がある。それが、イスラム暦の第12月にあたるズー・アル＝ヒッジャ月の8～10日に行われる巡礼、「ハッジ」だ。これ以外の期間に個別の信者が行う礼拝は「ウムラ」と呼ばれ区別されるが、さまざまな国や地域からの巡礼者でメッカは年中にぎわいを見せている。逆に、ムスリム以外の姿はない。それもそのはず、メッカへの立ち入り自体が、ムスリムにしか許可されていないからだ。

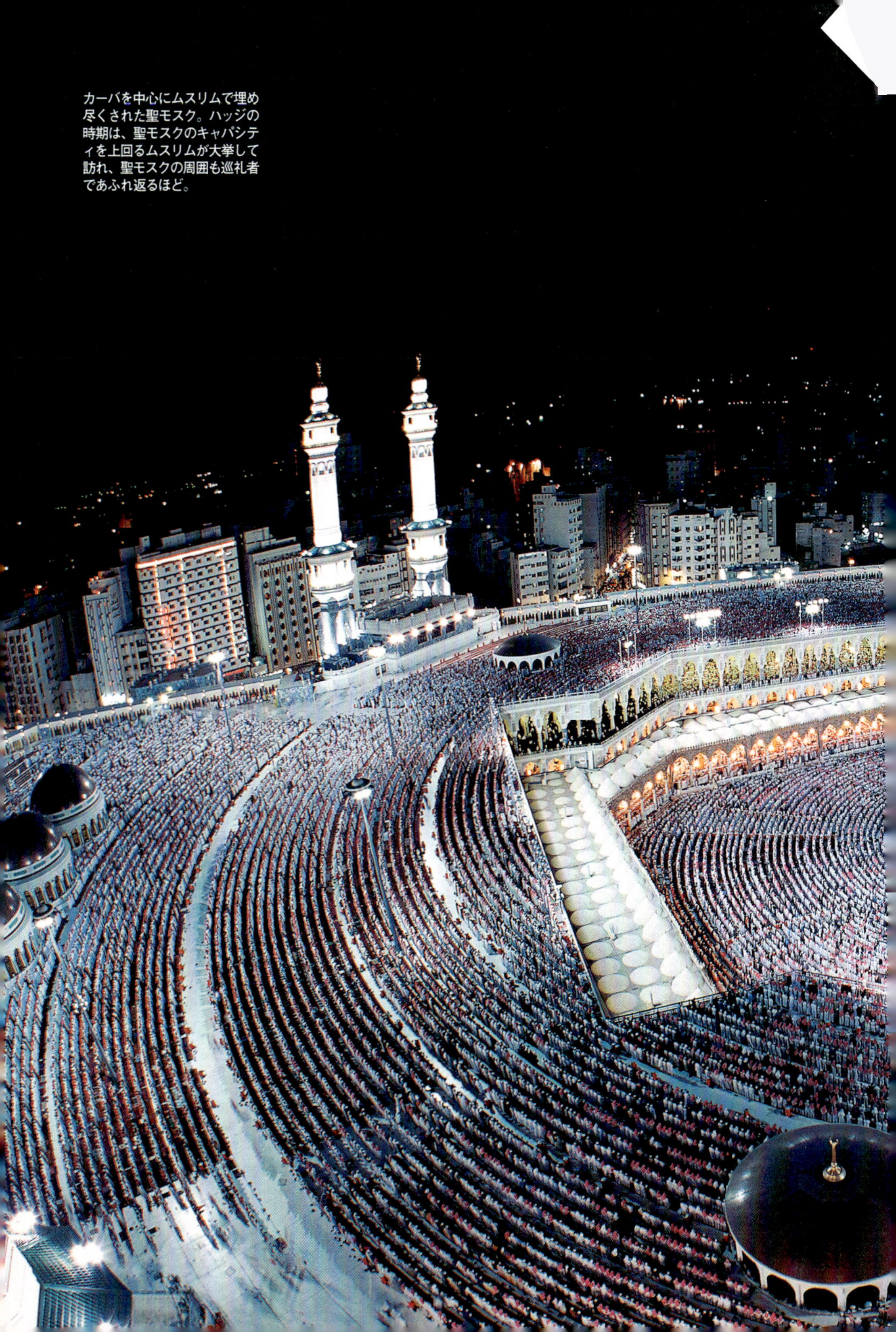

カーバを中心にムスリムで埋め尽くされた聖モスク。ハッジの時期は、聖モスクのキャパシティを上回るムスリムが大挙して訪れ、聖モスクの周囲も巡礼者であふれ返るほど。

Photo Shigeru Shimoyama

上：現在のメッカの様子。聖殿の背後には、約600mの時計台など超高層ビルが林立している。右：およそ100年前のカーバ聖殿。

聖殿の東の角に据えられた黒石。聖殿を建立したときに天使が運んできたとも伝えられる。摩耗を防ぐため保護されている。

聖殿を覆うキスワは年に一度交換され、これを奉納する栄誉はメッカの最高支配者が担う。現在はサウジアラビア政府が奉納。

礼拝を控え、聖モスクの周辺をムスリムが埋め尽くす。サウジアラビア政府による手厚い整備で、モスク内部はエスカレーターや空調設備を備えた近代的なものとなっている。

メディナ／預言者モスク

白亜の巨大モスクとムハンマドの霊廟。

Medina/the Prophet's Mosque

メッカの北およそ５００㎞の位置にある街、メディナ。かつてムハンマドがメッカでの迫害を逃れたどり着いた場所で、当時はヤスリブと呼ばれていた。

ここに居を構えたムハンマドは、イスラム共同体の建設とメッカとの戦いを指揮し、やがてメディナはイスラム世界の首都として機能するようになる。この状態はムハンマドの没後もしばらく続いた。

現在イスラム第2の聖地であるこの街の中心部には、預言者ムハンマドの霊廟を有する「預言者モスク」がある。のちに各地で建設されるモスクの原型は、この預言者モスクである。もともとはムハンマドの住居としてつくられた建物が、増改築を重ねて現在の規模になった。

なお、預言者モスク周辺の市街地は、メッカ全域同様に異教徒の立ち入りは禁じられている。

10本のミナレット（尖塔）と、ムハンマドの霊廟の上に設置された緑色のドームを目印とする白亜の巨大モスクは、１９９５年の建造だ。メッカの聖モスク同様、１００万人の収容能力がある。メッカに巡礼したムスリムが、併せて訪れることも多い。

預言者モスクの敷地内の床には、白を基調とした大理石が敷き詰められている。これは、炎天下での礼拝時に、熱の吸収を抑え、酷暑を防ぐことを念頭においたもの。

1995年に拡張工事が完了した、預言者モスクの内部。モスク内部と屋上、そして総大理石張りの屋外を合わせ、100万人が同時に礼拝可能だ。

預言者モスクでの、日没の礼拝。夜は預言者モスク全体がライトアップされる。10本ものミナレットを備えて壮大だ。メッカの聖モスクと預言者モスクを超える規模のモスクは建設できない。

「預言者への面会所」と呼ばれる、預言者廟墓の南面。中央付近の円形の金属板が、ムハンマドの頭部の位置を示す。初代正統カリフと第2代正統カリフもここに眠る。

エルサレム／岩のドーム Jerusalem / Dome of the Rock

預言者昇天の場所は、金色のドームが目印。

イスラエル東部の都市エルサレムは、交通の要衝であると同時に、ユダヤ教とキリスト教、そしてイスラムの3宗教の聖地として推移してきた。

とりわけ約1km四方の城壁で囲まれた東エルサレムの旧市街は、岩のドームや嘆きの壁、聖墳墓教会など、著名な建造物が密集するエリアだ。旧市街はイスラム教区のほかキリスト教区、ユダヤ教区、アルメニア人地区と大きく4つの地区に分かれている。

岩のドームは7世紀末に、ユダヤ教のエルサレム神殿跡に建設された。ドーム内にはムハンマドが昇天したとされる「聖なる岩」がある。

伝承によれば、ムハンマドは聖なる岩から大天使ジブリール（ガブリエル）に伴われ、天馬に乗って昇天、アッラーの御前に至ったという。ただし聖なる岩は、預言者イブラーヒーム（アブラハム）が息子を神に捧げようとした台であるともされ、ユダヤ教とキリスト教も聖地として主張する場所だ。

金色のドーム屋根とブルータイルの壁が、鮮烈な印象を残す岩のドーム。遠目にも目立つその色彩と形状で、エルサレムの代名詞的存在でもある。真上から見ると、正八角形に近い形状だ。内部に目を向けると、中央円形の内陣と2重の歩廊によって聖なる岩を囲うような構造になっている。

金色のドームとブルータイルの色彩が美しい岩のドーム。嘆きの壁のすぐ上に建立されている。地震や火災などで何度も補修を重ねた。現在の外観は1994年に改修されたもの。

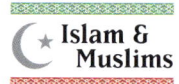

ドームの直径は20.4m、中心に聖なる岩を置き、2重の歩廊を備える点などが特徴だ。その建築構成は、近くにあるキリスト教の聖墳墓教会との深い類似性が指摘されている。

岩のドーム内部に保存されている、聖なる岩。この岩の真上に金色のドームがある。ここから預言者ムハンマドは大天使ジブリールに導かれ、神の御前へと昇天したとされる。

世界宗教の礎を築いた、預言者の伝説。

神から啓示を受けた最後の預言者、そして全世界に伝播した世界宗教の創始者として歴史にその名を残すムハンマド。彼が生まれたのは、いまもなおイスラム最大の聖地として全世界からの巡礼者を受け入れる地、メッカだった。570年頃のことである。

　この世に生を受ける前に父アブド・アッラーを、6歳のときに母アーミナを亡くしたムハンマド。やがて同じハーシム家の家長である、叔父のアブー・ターリブのもとへ預けられることとなる。当時のメッカでは、父系の氏族が血縁者を庇護する帰属集団が構成されていた。孤児となったムハンマドもその例に漏れず、実父の兄弟に守られながら成長していく。

　やがて青年期を迎え商人となったムハンマドは、25歳で最初の結婚をする。相手の名はハディージャ。10歳以上年上の、富裕な未亡人であった。財力と家柄に恵まれた女性を妻に迎え、子宝にも恵まれ、ムハンマドの人生は順風満帆に進むように思われた。だが、運命の啓示の日は着実に彼の身に迫っていた。

人生の半ばを過ぎてから、運命の時は訪れた。

40歳となったムハンマドは、メッカ近郊にあるヒラー山の洞窟で、大天使ジブリール（ガブリエル）と遭遇。一介の商人が、何の前触れもなく預言者として選ばれたのである。これ以降、ムハンマドには断続的に啓示が下ることになる。

　最大の理解者である妻をはじめとして、周囲の意見も鑑《かんが》みたムハンマドは、自分が預言

©Roger-Viollet/amanaimages

預言者ムハンマドの生誕を描いた絵画。カーバ聖殿(中央)の周りで、ムハンマド生誕を祝うように天使が舞う。

©Roger-Viollet/amanaimages

大天使ジブリール(右)から、神の言葉を伝えられるムハンマド。偶像崇拝を忌避する関係上、ムハンマドの顔は白いベールで覆われている。

者であることを受け入れた。そして、神の言葉を人々に伝える使徒としての活動を開始するのだった。610年頃のことである。

親族など周囲の人間を中心に、少しずつ信者を獲得していったムハンマド。最初の3年間は、秘密裏の布教に努めた。というのも、当時のメッカは偶像崇拝の中心地だったからだ。町の中心にあるカーバ聖殿には、雑多な偶像がいくつも安置されていた。

信者が30人を超えたあたりで、ムハンマドは公の布教を促す啓示を受ける。さらに神は、メッカで信奉されている偶像崇拝を打倒することを命じた。逆にメッカ市民はムハンマド一派に対し、本格的な迫害を開始する。対立がより深刻化するなかで、ムハンマドは妻ハディージャ、叔父アブー・ターリブを相次いで亡くす。布教開始から10年たった、619年のことだった。頼れる後ろ盾を失い、迫害はさらに強まる。少しずつではあるが着実に勢力を増すムハンマドの教え。メッカで大勢を占める多神教信者たちは、ムハンマドの暗殺も厭わないほど業を煮やしていた。

そんな矢先、ムハンマドはメッカの北５００㎞ほどのところに位置するヤスリブ（メディナ）へと布教の拠点を移す。俗に言うヒジュラ（聖遷）だ。ここにモスク（預言者モスク）を設け、イスラム共同体（ウンマ）の礎とした。そして共同体の維持拡大の傍ら、反イスラム勢力の打倒に乗り出したのである。メッカ軍を破った６２４年のバドルの戦いを皮切りに、

メディナの、預言者モスクのミフラーブ。ムハンマドもここでメッカに向かいアッラーに祈りを捧げ、神の言葉を信者たちに言い聞かせた。

通算60以上にもおよぶ戦役が幕を開けた。やがてメディナを完全制圧し、聖遷から6年を経た６２８年、メッカ側との和平条約締結（フダイビヤの和約）にもこぎ着けるが、既存勢力との小競り合いは続いた。

アラブ部族内でのイスラム勢力の存在感が増すなか、６３０年、ついにムハンマドがメッカを占領する。当時のカーバ聖殿に奉られていた３６０体もの偶像は除去。信者が祈りを捧げる聖地としての準備も整った。こうしてムハンマドは、ヒラー山での最初の啓示から20年にして、アラブ世界を一変させる、新たな社会の建設に成功したのだった。

亡くなる直前、ムハンマドはメディナからメッカへ唯一の巡礼（別離の巡礼）を行った。このときの礼拝のやり方が、ムスリムの義務たる「ハッジ」として継承されている。

ムハンマドの共同体は、死後も成長を続けた。

ムハンマドが最初に啓示を受けたヒラー山の洞窟入り口付近。ここを訪れ、往時に思いを馳せる信者も少なくない。

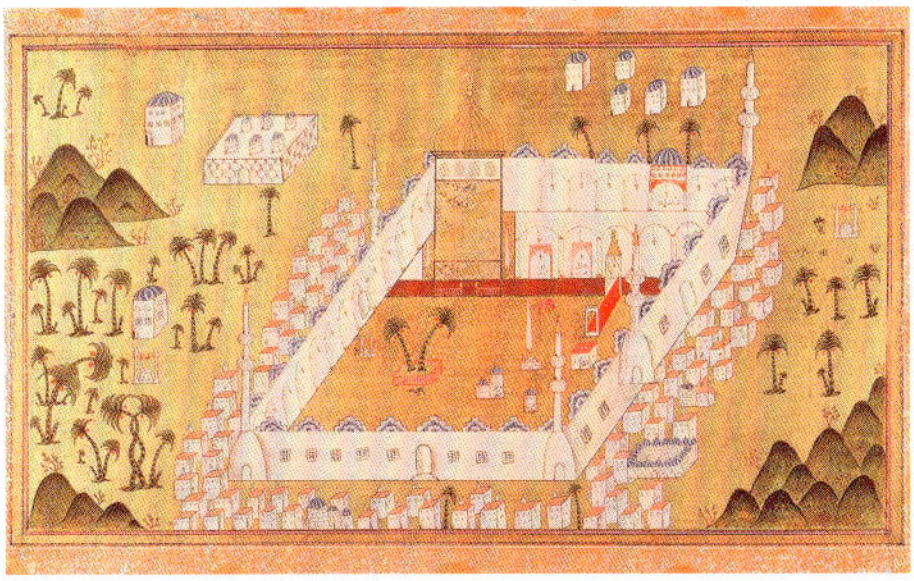

預言者モスクを描いた細密画。現在の豪華な陣容と比べると、実に質素なつくりだったことがわかる。

632年、ムハンマドはその生涯を閉じる。死に際して、彼は後継者を指示しなかった。ムハンマドには跡を継ぐ男児もいなかったので、イスラム共同体は合議でアブー・バクルをウンマの指導者たる初代カリフ（後継者）の地位に就けた。ウマル、ウスマーン、アリーと4代続く、合議により選ばれたカリフは、特に正統カリフと呼ばれる。正統カリフの治世で、ウンマは国家として整備され、その勢力範囲を武力によって拡大していく。その支配はアラビア半島からシリア、エジプト、イランにまでおよんだ。

なお、正統カリフのうち4代アリーのみをカリフとして認め、アリーの子孫を最高指導者として仰ぐのがのちのシーア派だ。

アリーの死後、カリフに世襲制を導入したウマイヤ朝、次いでアッバース朝が成立。この間、中近東から北アフリカ、イベリア半島へと勢力を拡大する過程で、ウンマはイスラム帝国としてその最盛期を迎える。

ムハンマド関連年表

年	出来事
570年頃	ムハンマド、メッカのクライシュ族ハーシム家に誕生。
575年頃	6歳で母アーミナと死別、孤児になり、叔父のアブー・ターリブに預けられる。
595年頃	裕福な未亡人、ハディージャと最初の結婚。
600年頃	長女ザイナブ誕生。
605年頃	四女ファーティマ誕生。カーバ聖殿の建て替えに参画。
610年頃	メッカ近郊ヒラー山の洞窟で、最初の啓示を受ける。以後断続的にコーランの啓示が続く。当初3年ほどは秘密裏に布教活動。信者は30人ほどに。
614年頃	メッカにて公然と布教を開始。ムスリムへの迫害が強まり始める。
619年	妻ハディージャ、叔父アブー・ターリブが相次いで亡くなる。
622年	ムハンマドが信者70人ほどとともにヤスリブへ移住し、預言者モスクを建立。ヤスリブは預言者の「町」（アラビア語でメディナ）と呼ばれるように。
624年	キブラ（礼拝の方角）をエルサレムからメッカ（カーバ聖殿）に変更。バドルの戦いでメッカ軍を撃破。断食の義務が始まる。
628年	メッカ側と和平条約を締結（フダイビヤの和約）。
630年	メッカ側の和約違反を理由にメッカ占領。住民のほとんどがムスリムに。
631年	メッカへの大巡礼（別離の巡礼）開始。
632年	別離の巡礼後、ムハンマド没。アブー・バクルが初代カリフに。

ムハンマドの系譜

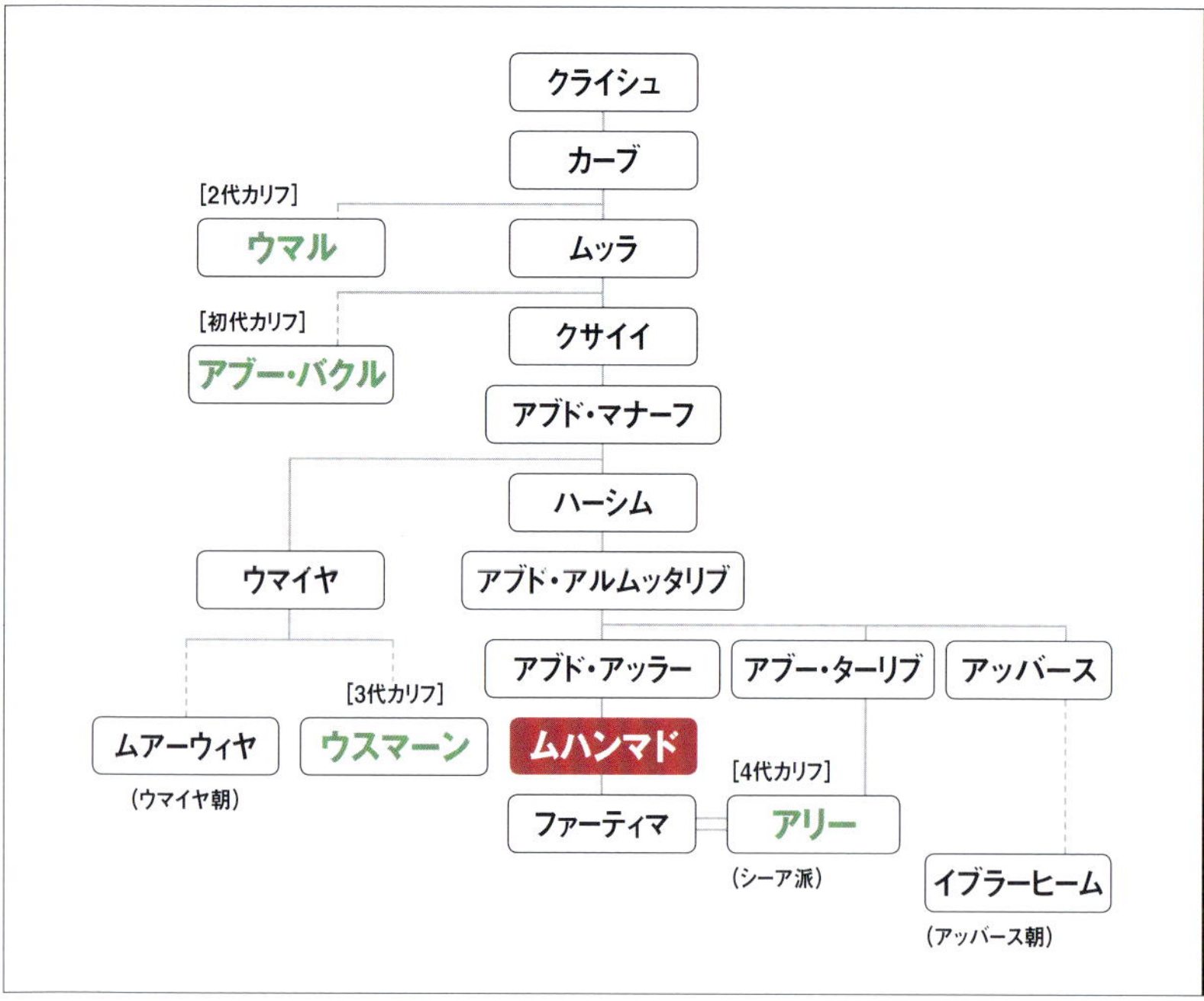

コーランに綴られた、完全なる神の言葉。

預言者ムハンマドに啓示された神の言葉そのものが、コーランである。そこにあるのは、イスラムのすべてであり、ムスリムが遵守し常に心に留めておくべき事柄のすべてだ。信仰行為から社会生活、イスラム国家に関わる事項まで、その内容は多岐にわたる。

なかでも、特にムスリムが信じるべき6つの信仰箇条を「六信」、義務として課せられた5つの行為を「五行」と呼び、六信五行と称される（34〜35ページ）。

アッラーから大天使ジブリール（ガブリエル）を通じてムハンマドへ下った啓示は、一度にすべてがもたらされたわけではない。ムハンマドが最初の啓示を受けてから亡くなるまでの間、啓示は断続的に下されたのだった。

したがって当初、「啓示の原型の維持」は、基本的には人々の記憶に頼るしかなかった。コーランが書物になるのは、第3代正統カリフのウスマーンの時代（６４４〜６５６年）になってからのことだ。

書物となったコーランは全部で１１４のスーラ（章）からなり、1章の「開扉章」から１１４章の「人間章」まですべて、「食卓」「信者」「勝利」など内容に応じた名称をもつ。章の長さはまちまちだが、頭から後のほうに進むにつれて、徐々に短くなる傾向がある。章のなかはさらにアーヤ（節）で区切られている。最長の「牝牛章」は２８７節だが、最短となる「カウサル章」「助け章」は3節しかない。

成立期に目を向けると、ムハンマドが、メッカでイスラムを創始してからメディナに移

コーランの原本は、基本的にすべて手書き。アラビア文字の書道家が、アラビア語で右から左へと精魂を傾け書き上げる。

コーランの印刷所で、誤字脱字がないかていねいにチェックする。一字でも誤りがあればそれは神の言葉でなくなるため、慎重に確認。

コーランを詠唱する子どもたち。コーランは、アラビア語習得のためのテキスト代わりのように使われることもあった。

住するまでをメッカ期（610〜622年）、以後死去するまでをメディナ期（622〜632）と呼ぶ。コーランでは、メッカ期に下された啓示を「メッカ啓示」、メディナ期に下された啓示を「メディナ啓示」とする。とりわけ一神教の原理原則を示すことが必要だった時期に下されたメッカ啓示は、短い韻文が連続し、非常に力強いメッセージ性をもつ。一方のメディナ啓示は、内容的に信者の生活を律する社会的なものが多く、細かな指示が含まれた長めの文が目立つ。

　コーランからは、一神教の系譜も垣間見える。最後の預言者によって伝えられた完全なる神の言葉だけあって、コーランには旧約聖書や新約聖書と重複する内容が少なくない。たとえば、洪水と方舟のノアや律法を授けられたモーセ、イエス・キリストなど歴代の預言者およびその物語のほとんどは、2つの「聖書」のいずれか、もしくはその両方でお馴染みだろう。

色鮮やかなコーランのカバー。コーラン原本には挿絵や注釈、解説が存在せず、文章も手を加えることができない神聖な存在であるため、表紙や書物自体の装飾に力が入ることに。

【六信】

Islamic theology

すべてのムスリムが、その絶対的真実性を信じなければならない、6つの存在。

「アッラー」「キターブ」「アーヒラ」「マラーイカ」「ナビー」「カダル」。この6つこそ、ムスリムが何よりもまず信じなければならない対象である。信仰心そのものが他人から直接見えることはないが、六信の筆頭にくるアッラーからは、すべてが見えている。

アッラー／神

God

過去・現在・未来を通じて永遠に存在する唯一絶対神、アッラー。万物の創造主であり、最後の審判の主宰者である。アッラーの唯一絶対性は、イスラムの根幹である。アッラー以外の神はもちろん、アッラー以外のいかなる信仰対象も認めないところからイスラムは始まるからだ。そしてアッラーの唯一絶対性は、コーランで繰り返し説かれている。冒頭の開扉章からして「讃えあれ、アッラー、万世の主」という言葉で、時代や世界を超越した主であることを宣言している。

キターブ／啓典

Scriptures

神が預言者を介して、人間に下した天啓書のこと。なかでも重要とされるのが、旧約聖書の一部である「モーセ五書」と「ダヴィデの詩篇」、新約聖書に含まれる「福音書」、そして「コーラン」だ。最後の預言者たるムハンマドの時代までに140のキターブが下されたとされるが、アッラーの言葉のみを完全に伝えたとされるコーランは、別格の存在だ。ほかの啓典が人間の手によって編さんされたとする立場をとるイスラムでは、コーランは諸啓典の集大成である。

アーヒラ／来世

Afterlife

イスラムでは、やがて世界の終末が訪れ、神による最後の審判を経て、天国もしくは地獄での来世生活に至ることを説く。この点はキリスト教と同じだ。終末の時が訪れると、天使イスラーフィールが終末のラッパを吹き鳴らす。やがて地上では天変地異が起こり、すべての人は復活する。そして全員に生前の行状に応じて審判が下り、天国か地獄へ振り分けられるのだ。天国では平安な日々を過ごせるが、地獄では永遠の責め苦に苛まれる。

マラーイカ／天使

Angel

アッラーと人間の仲介的存在と考えられ、神の命令を実行する。神は姿を現さないから、仲立ちたる天使の役割は重要だ。ジブリール（キリスト教ではガブリエル）、ミーカーイール（ミカエル）、イズラーイール、イスラーフィールの4大天使が代表的。最高位のジブリールは、預言者ムハンマドにアッラーの啓示をもたらした。ミーカーイールはジブリールと合わせ、旧約聖書にも登場する大天使。イズラーイールは死を司り、イスラーフィールは終末のラッパを吹く。

ナビー／預言者

Prophets

イスラムではムハンマドのほかに、先行するすべての預言者たちを認めている。最初の預言者は、人類の祖アダムだ。コーランには、総勢25人の預言者が登場する。そのうち最も偉大な使徒とされるのが、ノア、アブラハム、モーセ、イエス・キリスト、そしてムハンマドである。ムスリムには、「イブラーヒーム（アブラハム）」「イーサー（イエス）」など彼らにちなんだ名をつける人も多い。なお使徒は、神の言葉を人々に伝え、天啓の法を確立する者とされる。

カダル／定命

Destiny

天国と地獄のどちらへ至るかは生前の行状によって決まるのだが、イスラムではさらに「定命」の存在を示す。人間を含むすべての被造物は、創造主たる神によってあらかじめ運命が定められているとするものだ。この天命を巡っては、解釈などにさまざまな神学上の論争が生まれたが、「人間の成すすべての行為は当人の意思と決断によって生じ、それを通して人間は神の定めた運命を獲得している」というアシュアリー学派の「運命の獲得」という理論で決着をみた。

【五行】

Five Pillars of Islam

自らの揺るぎない真っ直ぐな信仰心を、日々の暮らしのなかで弛むことなく実践する。

信仰の実践が特に重視されるイスラム。信徒の義務とされる「シャハーダ」「サラート」「サウム」「ザカート」「ハッジ」は、ムスリムにとって毎日の暮らしのなかで実践することが欠かせない。彼らが五行に勤しむのは、呼吸や睡眠と同じく自然なことなのだ。

シャハーダ／信仰告白

Confession of faith

五行の筆頭にあたるのが信仰告白（シャハーダ）だ。シャハーダは「証拠、証言」を意味するアラビア語が転じたもの。具体的には、「アシュハド・アン・ラー・イラーハ・イッラッラー。ワ・アシュハド・アンナ・ムハンマダン・ラスールッラー」（アッラーのほかに神なし。ムハンマドはアッラーの使徒なり）という言葉を唱えることを指す。ムスリムは日に5度の礼拝のたびに、この言葉を唱え、不動の信仰心を養う。異教徒の改宗時にも、2人の証人の前で同じ言葉を唱える。

サウム／断食

Fasting

年に一度、イスラム暦の第9月（ラマダン月）に行う断食。ファジュル（夜明け前の礼拝）から日没までの間、一切の飲食を避ける。日の沈んだ夜間の飲食は自由。基本的には大人の義務であるが、病人や旅行者は後日まで猶予できる。断食中は、飲食のほか喫煙や性行為も禁じられている。イスラム暦は太陰暦のため、太陽暦より11日ほど年間日数が少ない。結果として、断食の時期が真夏や真冬にあたることも生じる。なおラマダンはあくまで月の名称。断食そのものを指す言葉ではない。

ハッジ／巡礼

Pilgrimage

五行の最後は、生涯に一度、可能な者の義務とされるハッジだ。イスラム暦第12月（ズー・アル＝ヒッジャ月）の8日から10日にかけ、定められた方式と道程に則りメッカのカーバ聖殿などに参るというもの。この間、全世界から200万人ものムスリムがメッカに参集するという。近代以前のハッジは、身体的にも経済的にも負担の大きい旅だった。なかには命を落とす者もあったほど。そのためコーランにも「出かけることが可能な者」をハッジの対象とする言及がある。

サラート／礼拝

Worship

神への服従と感謝の心を全身で表現するのが、礼拝だ。ムスリムは毎日、ファジュル（夜明け前の礼拝）、ズフル（昼の礼拝）、アスル（午後の礼拝）、マグリブ（日没の礼拝）、イシャー（夜の礼拝）と5回の礼拝が義務付けられている。礼拝はキブラ（メッカのカーバ聖殿の方角）に向かい行う。モスクにはそれを示すミフラーブがあるし、イスラム圏のホテルでは客室内にキブラを示す案内を用意することが多い。礼拝前には水で身体の決められた部位を清める。

ザカート／喜捨

Almsgiving

ザカートとは貧しい人々のために1年間で貯蓄できたなかから喜捨を行うこと。ザカートは制度化され料率も決まっており、現金ならその2.5%を供出する。ザカートは政府によって集められるが、その使途はコーランに規定があるため、たとえ政府であっても勝手に決められない。コーランによれば、集まったザカートは貧者、困窮者、ザカートの徴収人、イスラムへの改宗者、奴隷の身請け、負債者、イスラムの伝道活動、旅人を対象に使うよう定めている。

Islam & Muslims

地図で理解する、イスラム勢力の変遷。

7～8世紀　勃興期における、アラブ勢力の奔流。

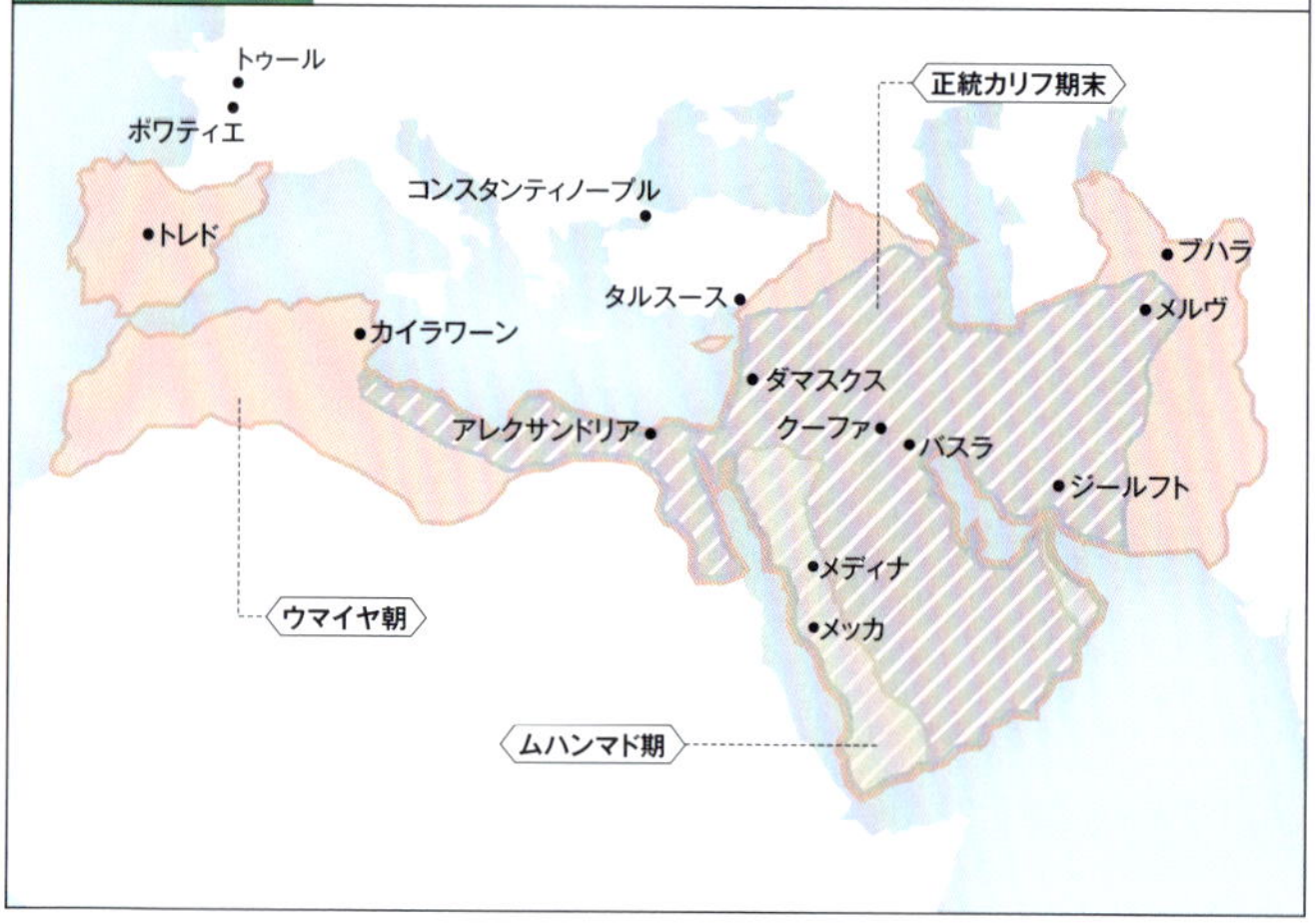

ムハンマドの晩年までにアラビア半島の大半がイスラム支配下となるも、彼の死後、一旦その範囲は縮小。その後、初代カリフ=アブー・バクルにより、アラビア半島全域にイスラムの支配が拡大した。正統カリフ時代には、西はチュニジアに達し、南はナイル川上流のヌビア、東方はメルヴやイラン東南部に至った。そしてウマイヤ朝期には、イベリア半島から中央アジアにまで達した。

8～11世紀　各地に諸王朝が勃興し、権力はカリフから軍事政権へ。

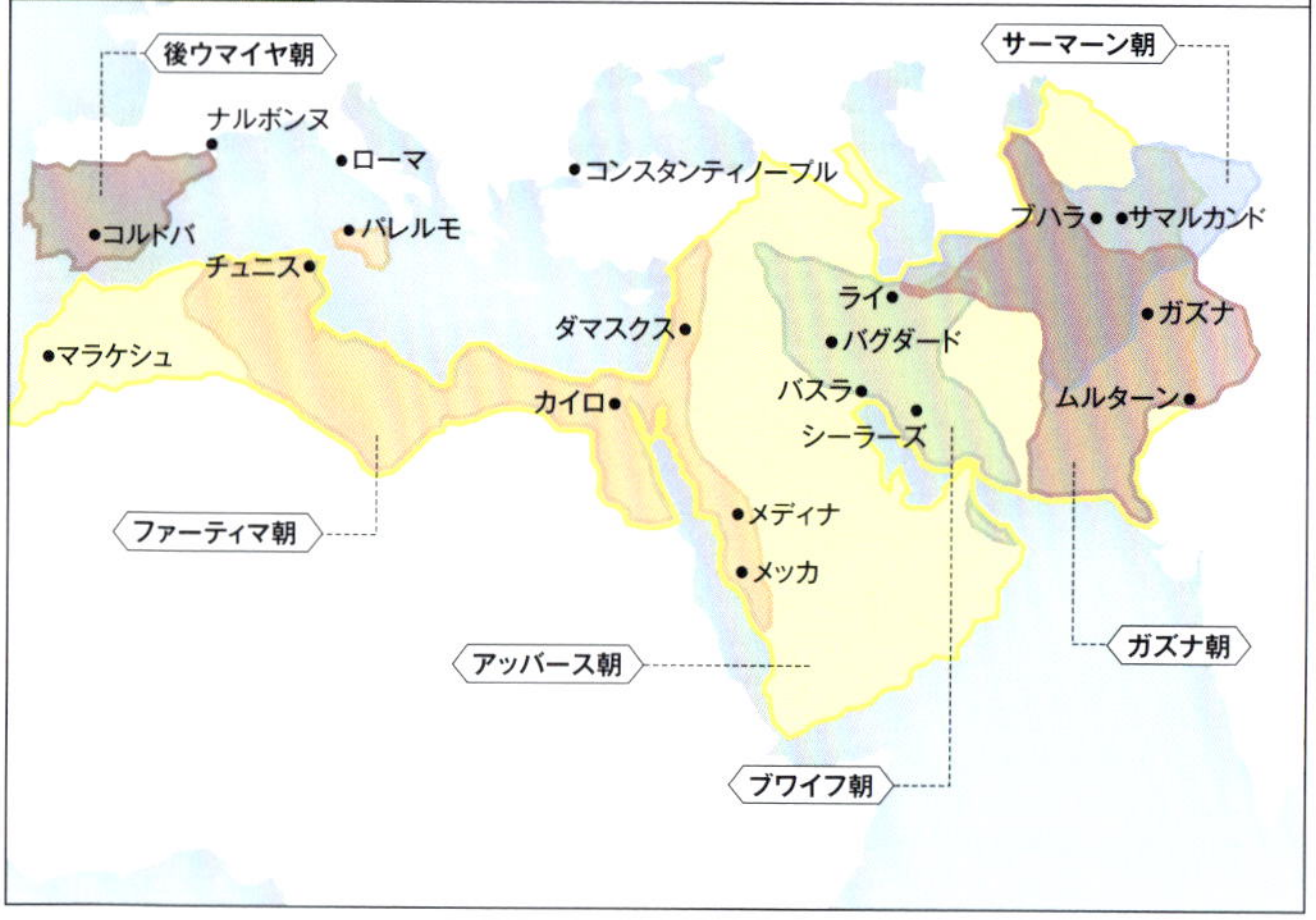

アッバース朝の成立後、イベリア半島には後ウマイヤ朝が興る。また9世紀頃からアッバース朝カリフの権威を認めつつも、独自に支配を行う軍事政権が相次いで勃興した。中央アジアにはサーマーン朝、ガズナ朝が成立し、10世紀にはイラン西部とイラクを支配するブワイフ朝が登場した。また北アフリカではファーティマ朝が興り、カリフを称して、アッバース朝との対決姿勢を強めた。

11～12世紀　インドへの拡大と、キリスト教勢力との攻防。

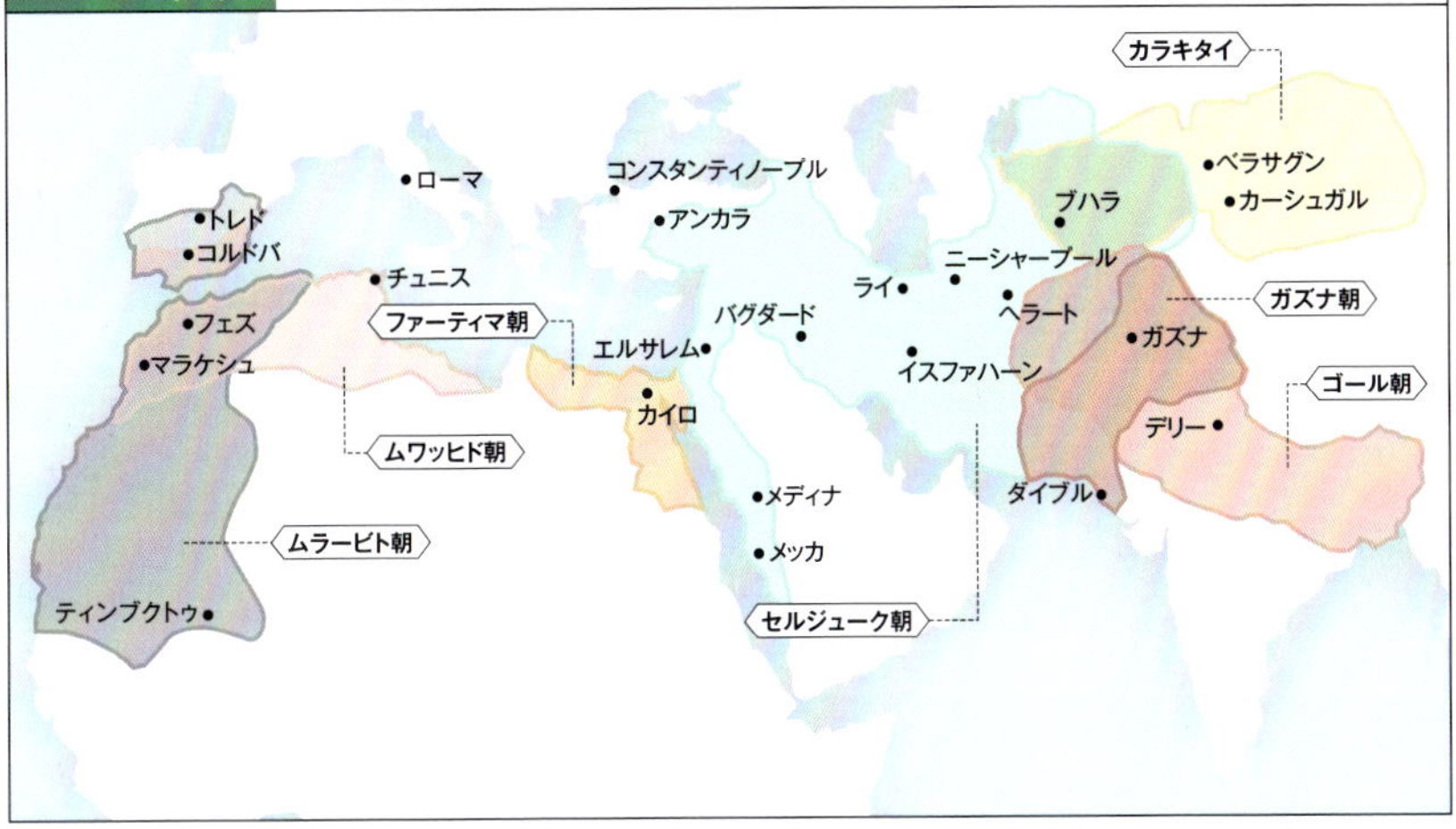

イラン・イラク一帯は、アッバース朝カリフを擁するセルジューク朝の支配下となり、同王朝はアナトリアへも進出した。またガズナ朝、ゴール朝の北インド進攻により、同地域をイスラム政権が支配するに至った。一方、イベリア半島ではキリスト教勢力の伸張によりイスラム勢力は後退したが、ムラービト朝の活躍によりサハラ以南へのムスリム支配地域の拡大も行われた。

13～14世紀　イル・ハーン朝が成立、北アフリカは群雄割拠へ。

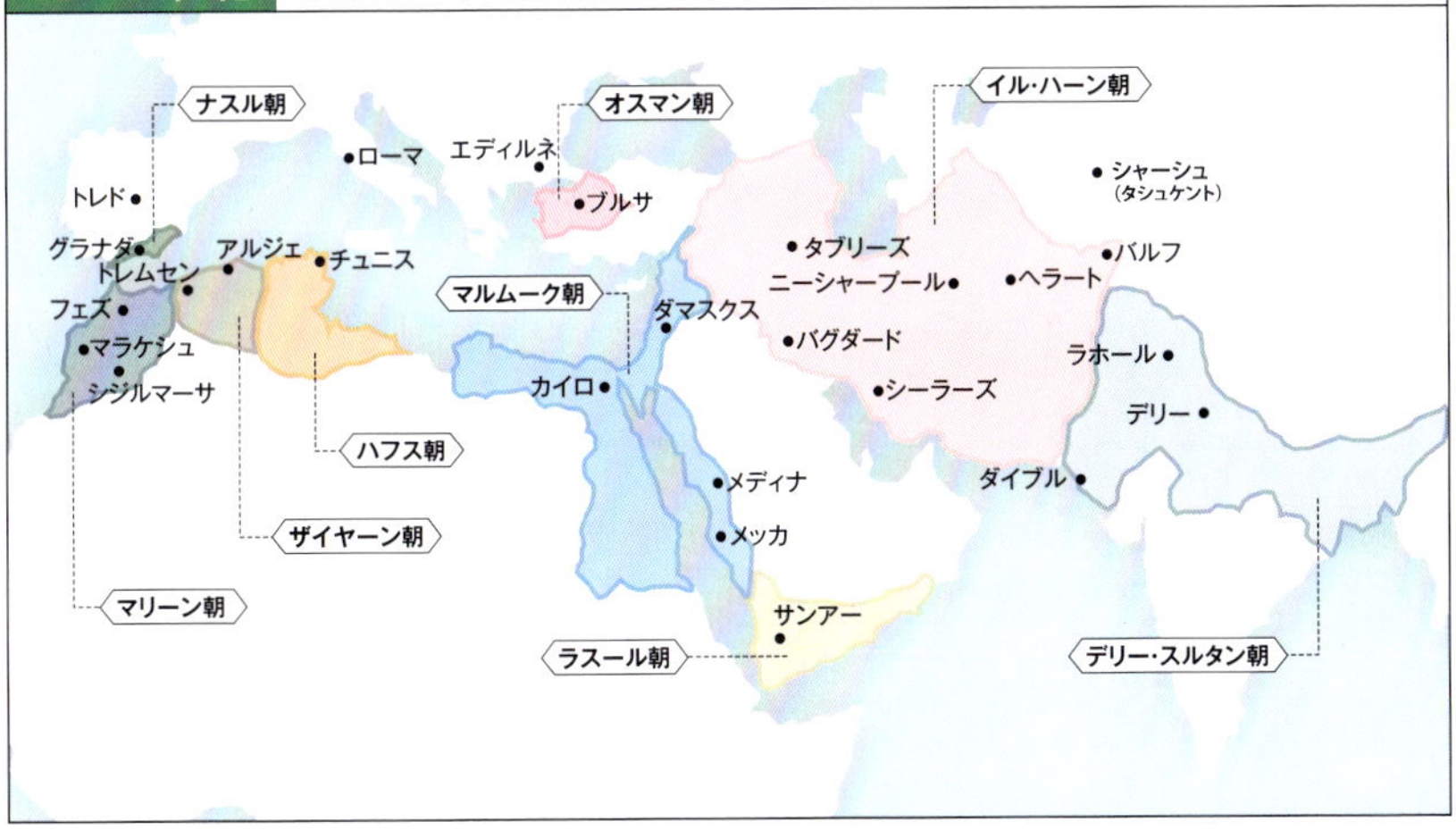

モンゴル系のイル・ハーン朝がイラン一帯を支配し、アイユーブ朝に代わってエジプト・シリアを統治したマムルーク朝と覇を競った。またアナトリア半島では、オスマン朝が徐々にその勢力を拡大しつつあった。一方、イベリア半島ではキリスト教勢力の伸長により、ムスリム支配域はさらに縮小、また北アフリカもムワッヒド朝解体後、諸王朝に分裂、群雄割拠の時期を迎えた。

16〜17世紀　500年にわたるオスマン朝の、支配域が最大に。

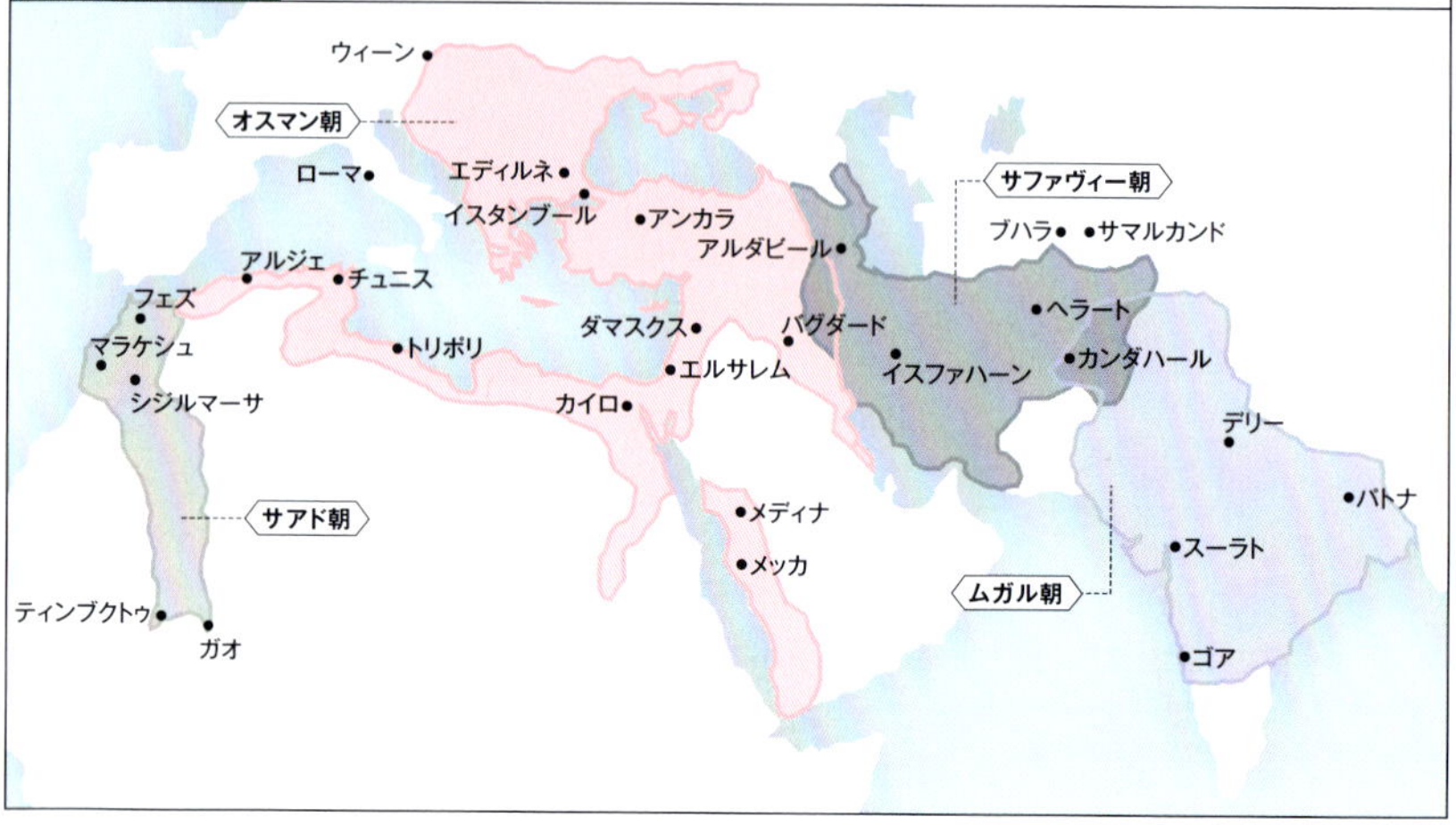

16世紀にオスマン朝の版図が最大となり、地中海沿岸地域の東半分から黒海沿岸部の大半を領有し、一時ウィーンにまで迫った。東方ではコーカサスやイラクにおいてサファヴィー朝勢力との角逐を繰り広げた。中央アジア発祥のムガル朝はデリー・スルタン朝の勢力を北インドより駆逐し、インド亜大陸にその勢力を拡大。北アフリカではサアド朝の勢力が内陸のニジェール川上流まで至った。

20世紀初頭　西欧列強の進出に直面し、ムスリムの支配域は急速に縮小。

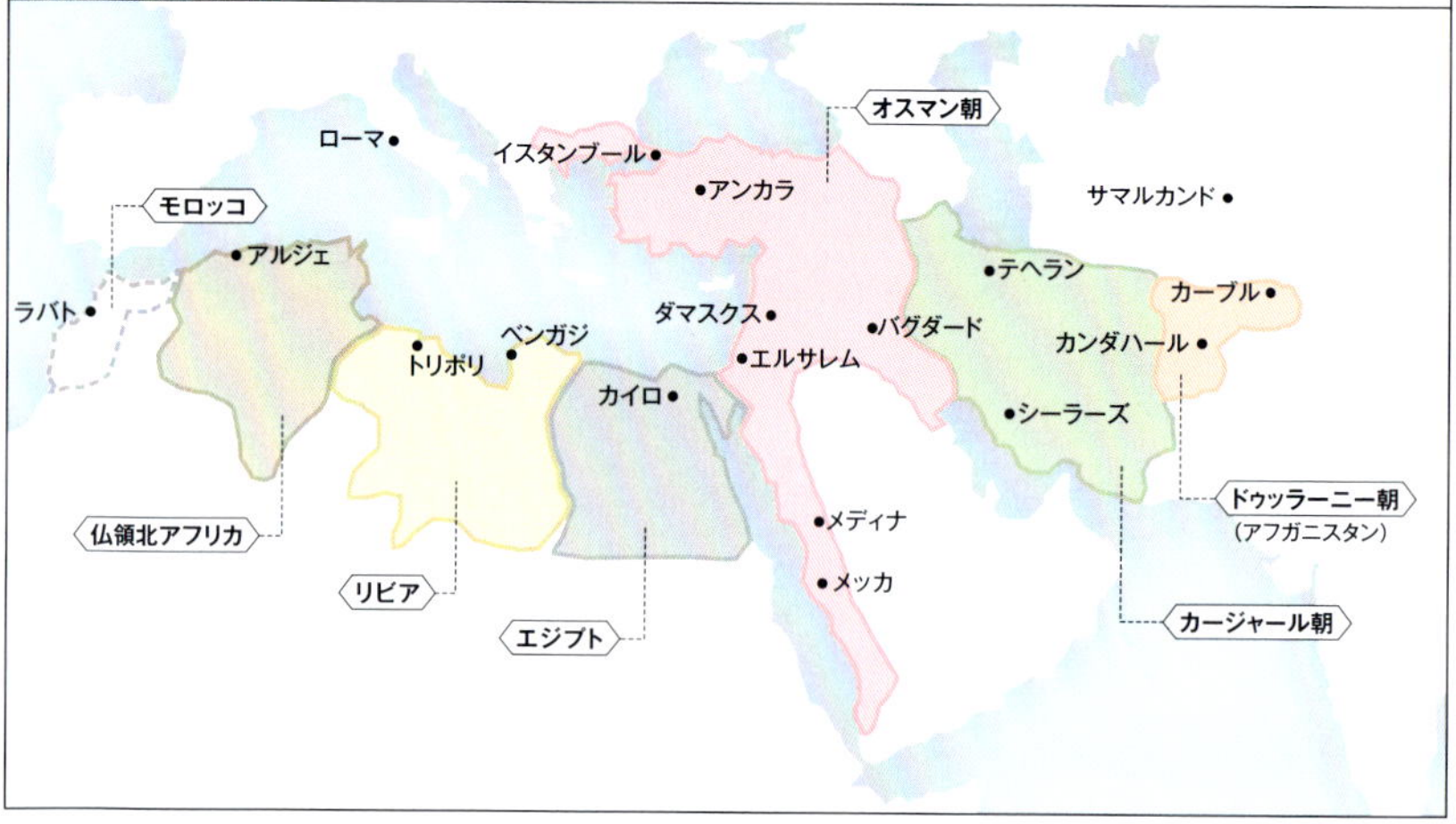

西欧列強の東方進出の結果、イスラム世界の諸王朝の支配領域は縮小の一途をたどった。北アフリカ一帯はフランスの植民地化が進み、チュニジア、アルジェリアが保護国化し、リビアはイタリアの植民地となった。一方、19世紀以降のバルカン半島における諸民族の独立運動や露土戦争(1877〜78年)の結果、オスマン朝のヨーロッパ側の領土が激減、さらにインドからアフガニスタンにかけての地域はイギリスの植民地化が進んだ。

(橋爪 烈)

イスラム史1400年を、年表で追う。

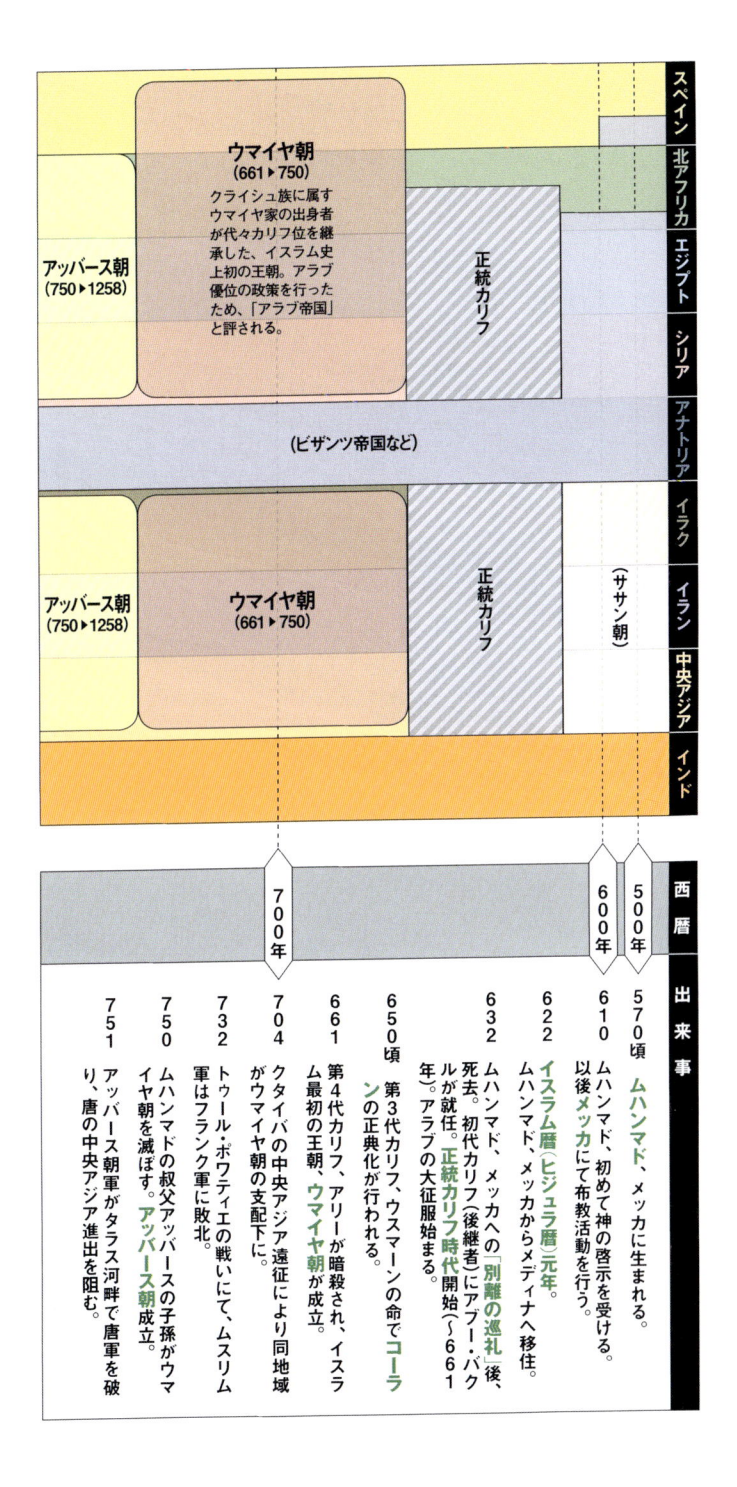

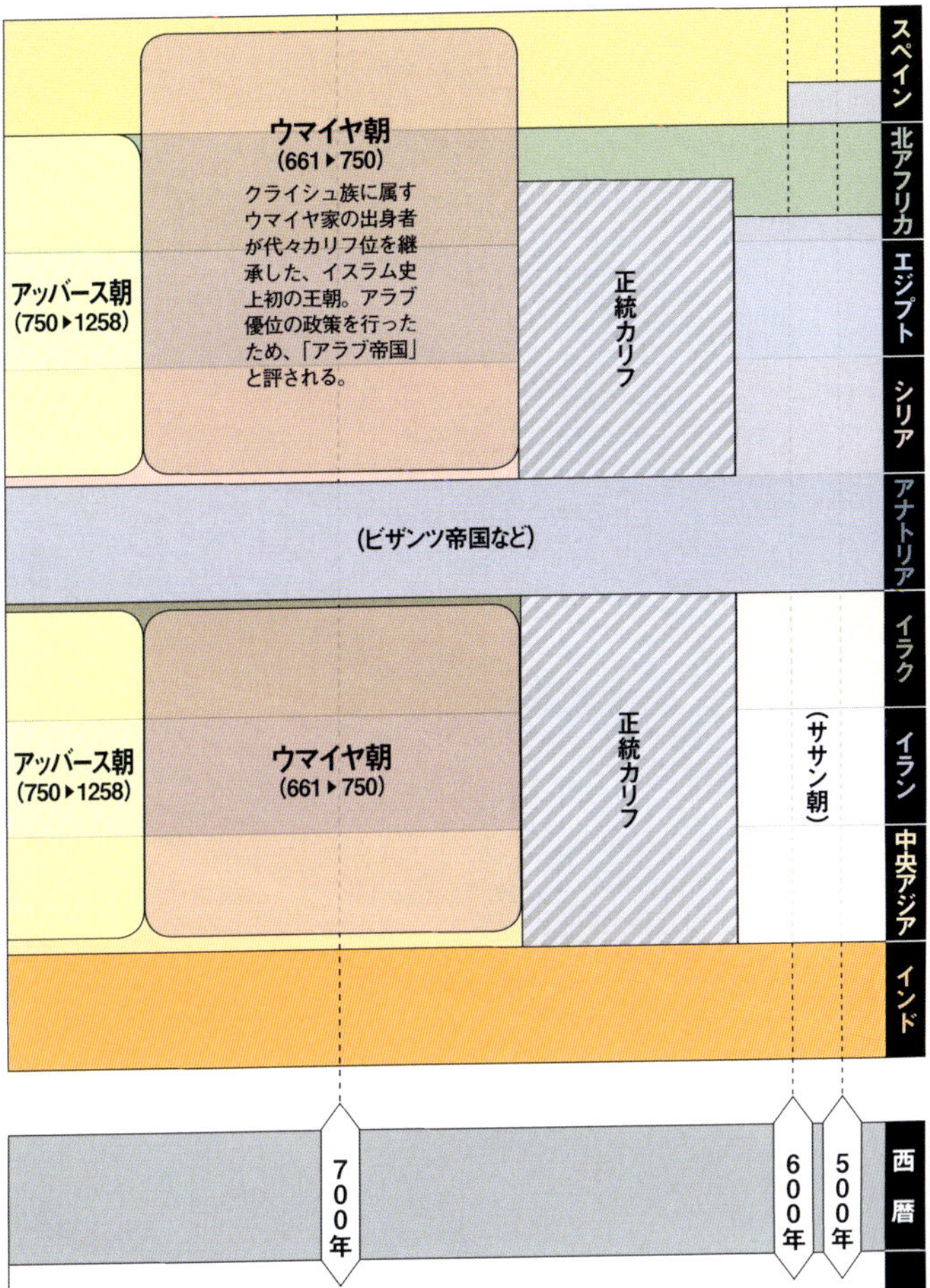

西暦	出来事
570頃	**ムハンマド**、メッカに生まれる。
610	ムハンマド、初めて神の啓示を受ける。以後**メッカ**にて布教活動を行う。
622	**イスラム暦(ヒジュラ暦)元年**。ムハンマド、メッカからメディナへ移住。
632	ムハンマド、メッカへの「**別離の巡礼**」後、死去。初代カリフ(後継者)にアブー・バクルが就任。**正統カリフ時代**開始(〜661年)。アラブの大征服始まる。
650頃	第3代カリフ、ウスマーンの命で**コーラン**の正典化が行われる。
661	第4代カリフ、アリーが暗殺され、イスラム最初の王朝、**ウマイヤ朝**が成立。
704	クタイバの中央アジア遠征により同地域がウマイヤ朝の支配下に。
732	トゥール・ポワティエの戦いにて、ムスリム軍はフランク軍に敗北。
750	ムハンマドの叔父アッバースの子孫がウマイヤ朝を滅ぼす。**アッバース朝**成立。
751	アッバース朝軍がタラス河畔で唐軍を破り、唐の中央アジア進出を阻む。

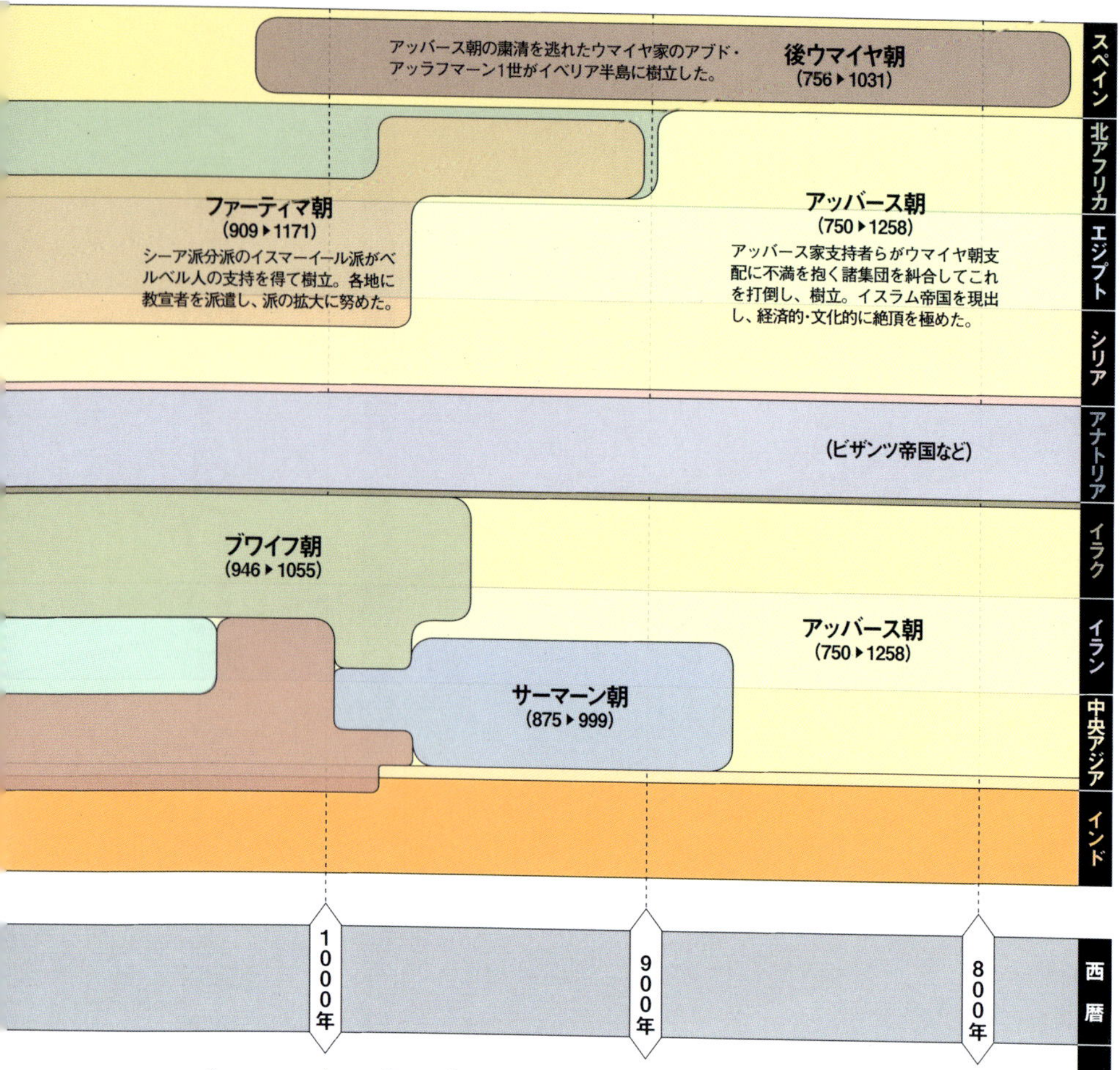
スペイン
北アフリカ
エジプト
シリア
アナトリア
イラク
イラン
中央アジア
インド
アッバース朝の粛清を逃れたウマイヤ家のアブド・アッラフマーン1世がイベリア半島に樹立した。
後ウマイヤ朝
(756▶1031)
ファーティマ朝
(909▶1171)
シーア派分派のイスマーイール派がベルベル人の支持を得て樹立。各地に教宣者を派遣し、派の拡大に努めた。
アッバース朝
(750▶1258)
アッバース家支持者らがウマイヤ朝支配に不満を抱く諸集団を糾合してこれを打倒し、樹立。イスラム帝国を現出し、経済的・文化的に絶頂を極めた。
(ビザンツ帝国など)
ブワイフ朝
(946▶1055)
アッバース朝
(750▶1258)
サーマーン朝
(875▶999)
西暦
1000年
900年
800年

出来事

756 アブド・アッラフマーン1世がイベリア半島に**後ウマイヤ朝**を樹立。

809 カリフ位を巡るアミーンとマアムーン兄弟の争いが起こり、813年マアムーンが勝利。この頃、ギリシャ語の思想・科学書のアラビア語への翻訳が盛んになる。

833 **異端審問(ミフナ)**開始、ムウタズィラ派神学を容認しない学者を弾圧(〜849年)。

869 イラク南部でザンジュ(黒人奴隷)の反乱起こる(〜883年)。

875 中央アジアの都市ブハラを都とする**サーマーン朝**、成立。

909 北アフリカにイスマーイール派の**ファーティマ朝**成立。君主は**カリフ**を称す。

929 後ウマイヤ朝の君主アブド・アッラフマーン3世、カリフを称す。

945 **ブワイフ朝**のバグダード入城により、アッバース朝カリフは政治権力を喪失。

969 ファーティマ朝、エジプトに進出し、新都**カーヒラ**(現カイロ)を建設。

977 サーマーン朝の軍人サブクタキーン、独立し、**ガズナ朝**を樹立。

1055 **セルジューク朝**スルタン、トゥグリル・ベクがバグダードに入城。ブワイフ朝を滅ぼし、アッバース朝カリフを庇護下に置く。

1071 セルジューク朝軍がビザンツ軍を撃破、アナトリア半島に勢力拡大。

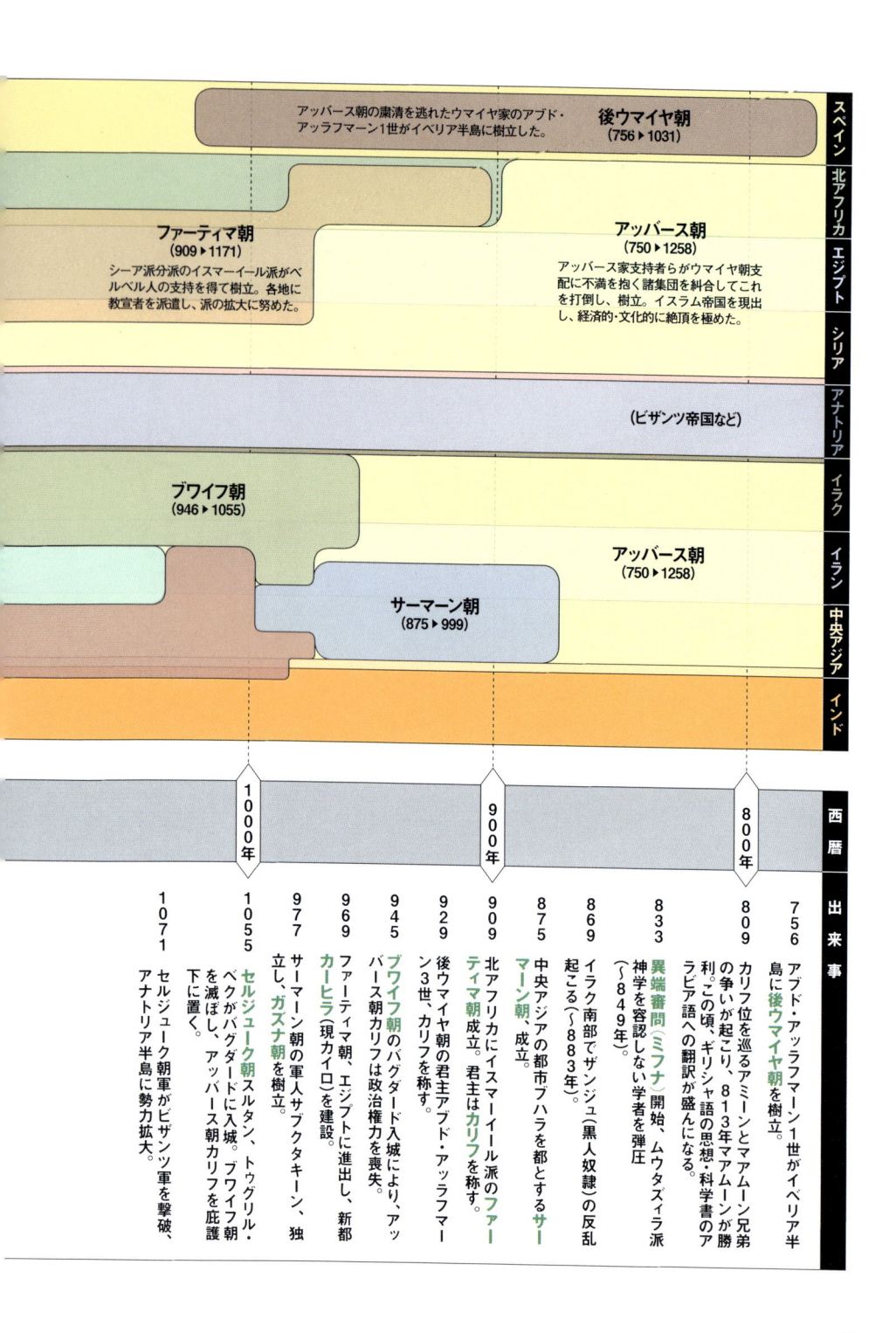

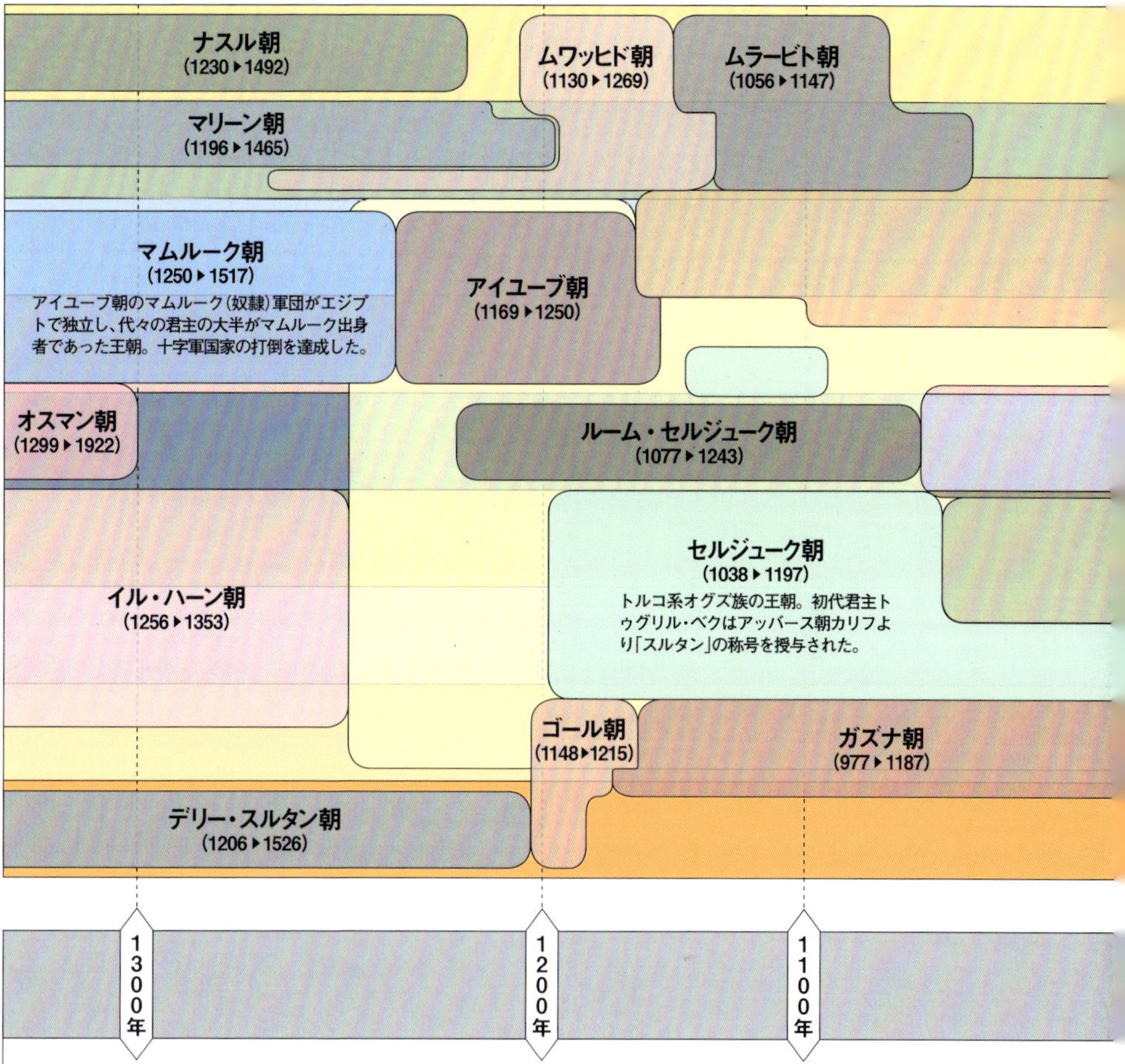

1091 北アフリカの**ムラービト朝**がイベリア半島の諸勢力を征服。

1099 **第1回十字軍**がエルサレムを陥落、翌年**エルサレム王国**成立。

1111 スンナ派イスラム最大の思想家と評されるアブー・ハーミド・ガザーリー没。

1147 **ムワッヒド朝**、ムラービト朝を打倒し、マラケシュを首都とする。

1187 **アイユーブ朝**のサラディンがエルサレムを攻略、同市を十字軍勢力から奪回。

1192 **ゴール朝**、ヒンドゥー連合軍を破り、北インドを支配下に置く。

1219 **チンギス・ハーン**の西征が始まる。

1229 エルサレム譲渡を条件に神聖ローマ帝国とアイユーブ朝が和睦。

1244 エルサレムが再びイスラム教徒の支配下に戻る。

1258 **イル・ハーン朝**のフラグがバグダードを攻略、アッバース朝滅亡。

1260 **マムルーク朝**がアイン・ジャールートの戦いでイル・ハーン朝軍を破る。

1291 **アッカーが陥落**し、東地中海地域の十字軍国家消滅。

1299 アナトリア西北部に**オスマン朝**が成立。

1312 ラシード・アッディーン著**『集史』**この頃完成。

1325 **イブン・バットゥータ**、30年にわたる大旅行に出発。

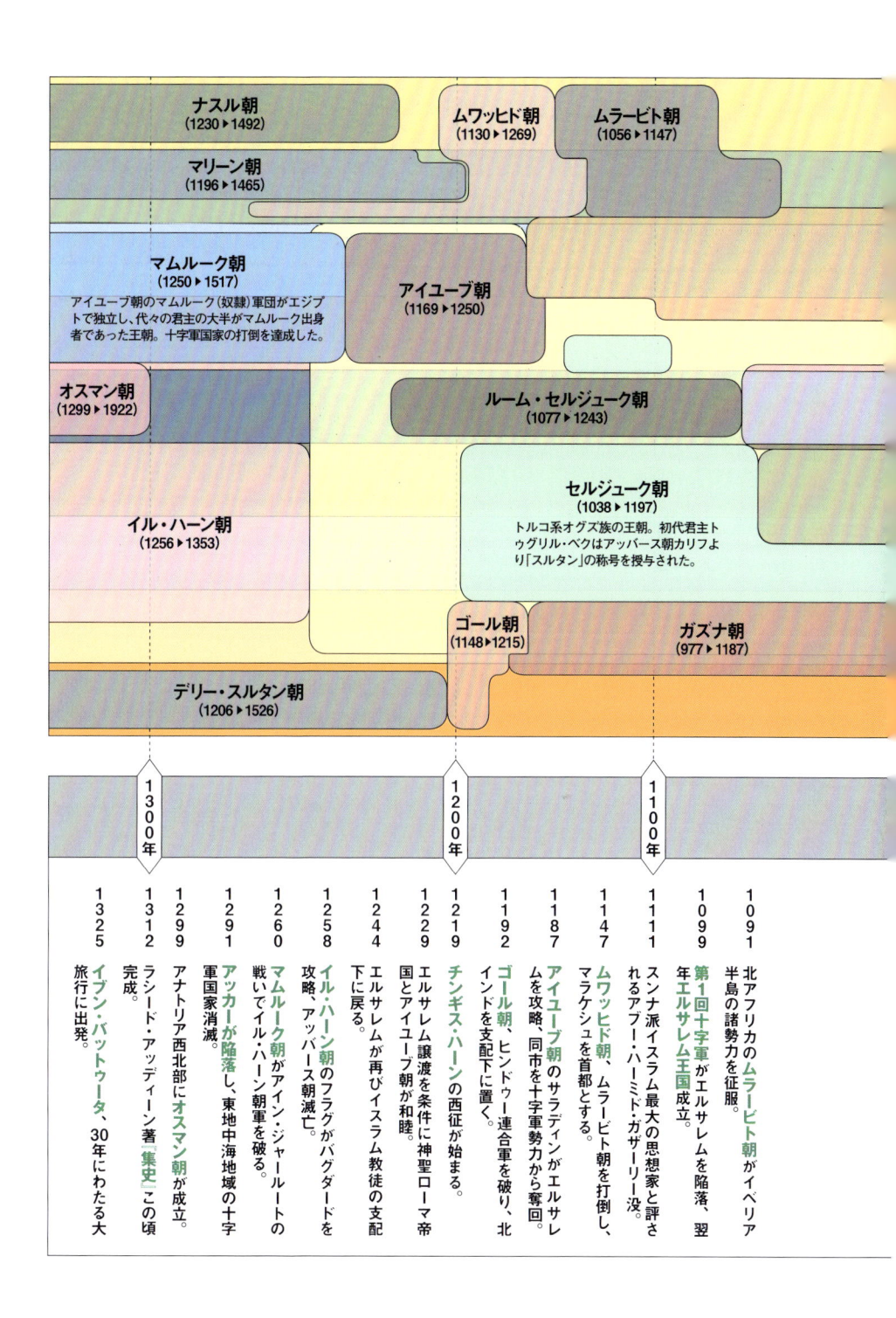

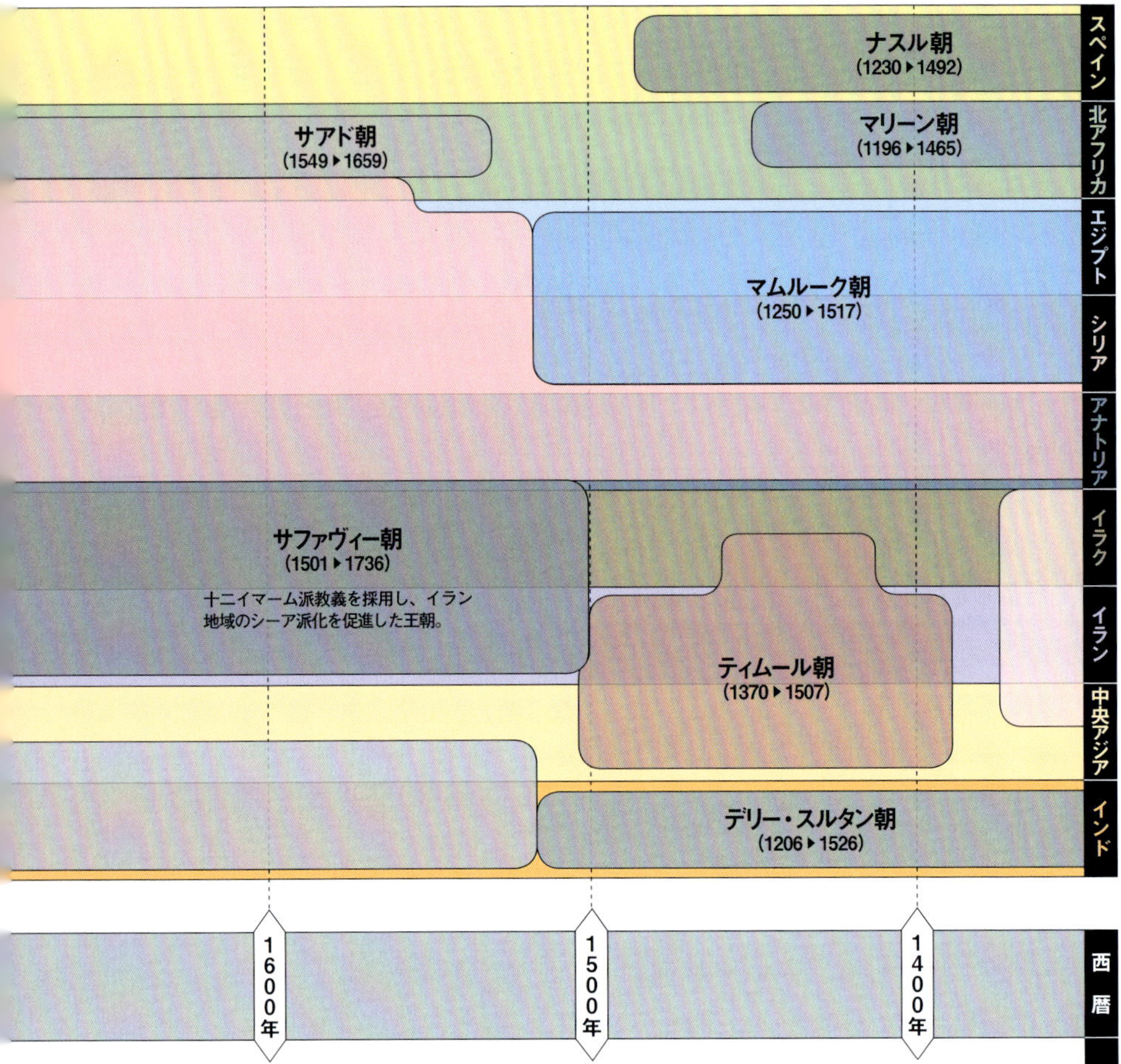

出来事

1370 **ティムール朝**、マーワラーアンナフルに支配権を確立。

1389 コソヴォの戦いで、オスマン朝軍がバルカン諸侯の連合軍を撃破。

1402 アンカラの戦いで、ティムールがオスマン朝のバヤズィット1世を撃破。

1406 チュニス出身の歴史家、思想家、政治家イブン・ハルドゥーン没。

1453 オスマン朝がコンスタンティノープルを攻略、ビザンツ帝国滅亡。

1460 この頃、バルカン半島一帯にオスマン朝の支配領域が拡大。

1492 キリスト教徒勢力によりグラナダ陥落、ナスル朝が滅亡。**レコンキスタ**完了。

1501 サファヴィー教団の指導者イスマーイール、即位。**サファヴィー朝**が成立。

1514 チャルデラーンの戦いで、オスマン朝軍がサファヴィー朝軍を撃破。

1517 オスマン朝セリム1世、マムルーク朝を滅ぼし、エジプトを併合。

1529 オスマン朝、神聖ローマ帝国の都ウィーンを包囲(第一次包囲)。

1598 サファヴィー朝のアッバース1世、イスファハーンに遷都。

1631 モロッコのシジルマーサに**アラウィー朝**成立。

1639 カスレ・シーリーン条約締結により、オスマン朝―サファヴィー朝間の国境画定。

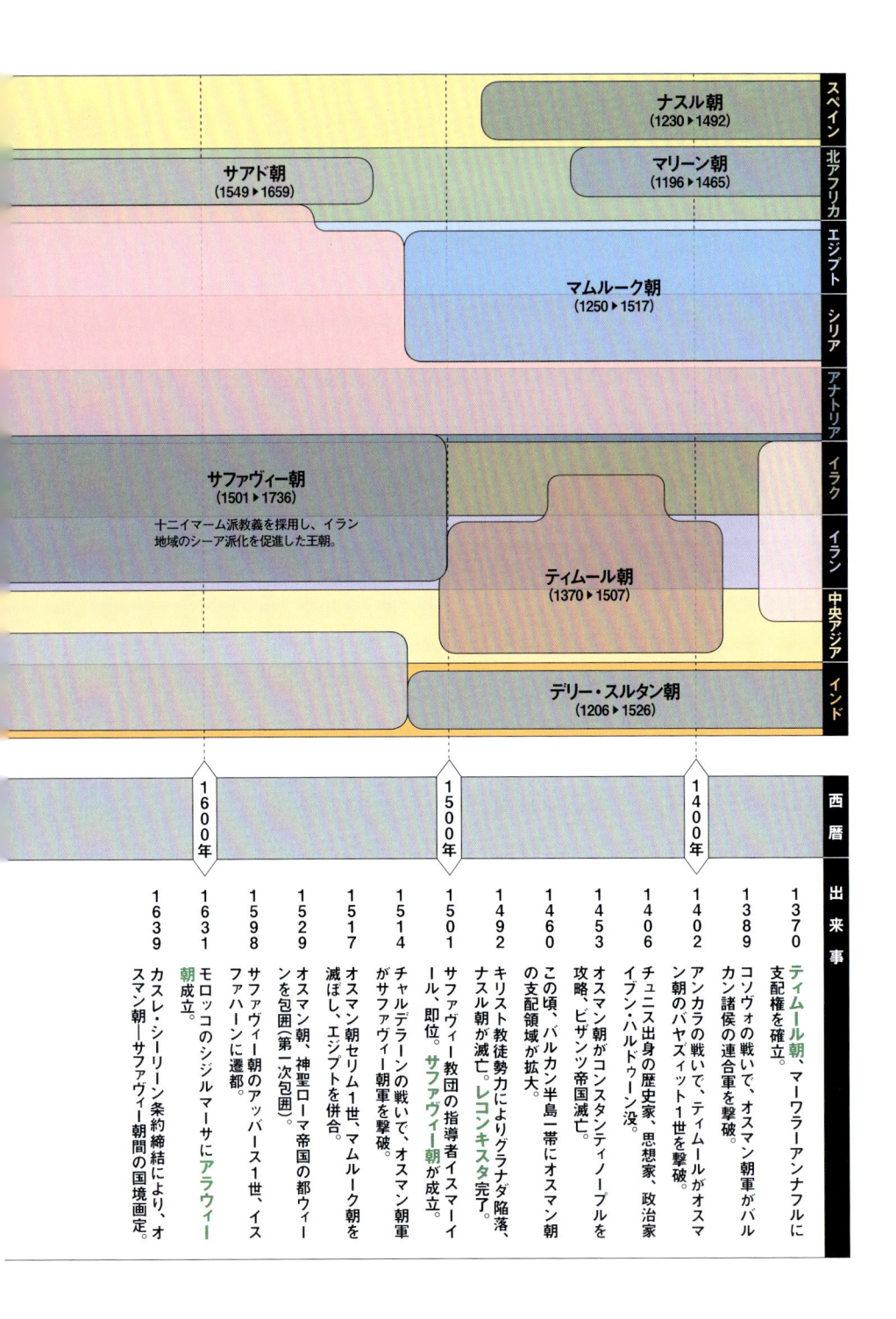

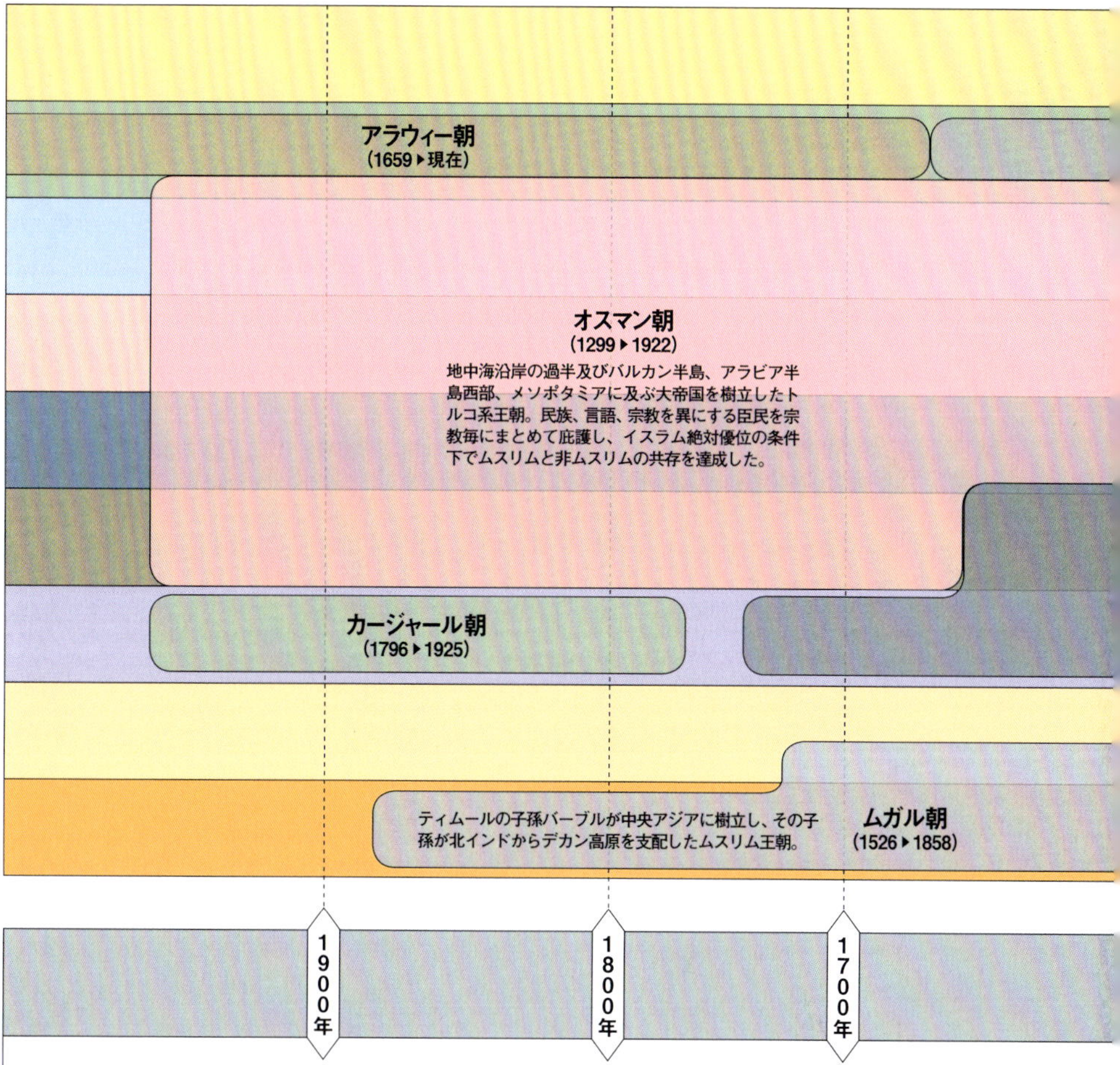
アラウィー朝
（1659▶現在）
オスマン朝
（1299▶1922）
地中海沿岸の過半及びバルカン半島、アラビア半島西部、メソポタミアに及ぶ大帝国を樹立したトルコ系王朝。民族、言語、宗教を異にする臣民を宗教毎にまとめて庇護し、イスラム絶対優位の条件下でムスリムと非ムスリムの共存を達成した。
カージャール朝
（1796▶1925）
ティムールの子孫バーブルが中央アジアに樹立し、その子孫が北インドからデカン高原を支配したムスリム王朝。
ムガル朝
（1526▶1858）
1900年
1800年
1700年

1683 オスマン朝、第二次ウィーン包囲に失敗。

1684 オーストリアを中心とする神聖同盟が結成され、オスマン朝に対抗（～1699年）。

1718 オスマン朝、西欧文化を受容（チューリップ時代～1730年）。

1744 **第一次ワッハーブ王国**成立（～1818年）。

1768 **第一次露土戦争**（～1774年）。

1798 **ナポレオン**のエジプト侵攻始まる（～1799年）。

1805 ムハンマド・アリー、オスマン朝エジプト州総督に就任。

1821 カイロ、ブーラーク地区にアラブ圏初の印刷所が開設される。

1839 ギュルハネ勅令発布、オスマン朝下で**タンズィマート（恩恵改革）**が実施。

1853 エルサレム管理権を巡り、**クリミア戦争**勃発（～1856年）。オスマン朝、イギリス、フランスがロシアと対立。

1905 イラン立憲革命。カージャール朝が立憲君主制へ移行。

1917 イギリスがバルフォア宣言により、パレスティナにユダヤ国家建設を支持。

1918 第一次世界大戦終結、オスマン朝がアラブ地域の支配権を失う。

1922 トルコ大国民議会、スルタン制廃止を採択し、**オスマン朝滅亡**。

1948 **イスラエル建国宣言**を受け、第一次中東戦争勃発。

キリスト教、ユダヤ教とは何が違うのか。

左ページの表のように、ユダヤ教、キリスト教、イスラム教には多くの共通する項目を立てることができる。3つの宗教は同じ土壌から生まれ、唯一神を信じる一神教だ。

だが最も理解すべきは、宗教観の違いである。その点ではユダヤ教とイスラム教は非常に近い宗教といえる。預言者が神から啓示を授かり、その啓示が生活のあらゆる領域の規範であるという構造は、2つの宗教の揺るぎない根幹を成している。

ユダヤ教の場合、成文律法（旧約聖書の「モーセ五書／創世記、出エジプト記、レビ記、民数記、申命記」）と口伝律法（ミシュナー、タルムードなど）の2つのトーラーがあり、その教えに従って歩むことをハラハー（道、定め）という。

イスラム教では、その2つはそのままコーランと、ムハンマドの言行録であるハディースに対応する。ムスリムにとって、この2つは絶対的な規範である。そしてイスラム教には、ユダヤ教のハラハーに対応する、シャリーアという言葉もある。ハラハーとほぼ同義であり、シャリーアもまた道という言葉がその語源である。

つまりユダヤ教とイスラム教においては、生活することはその行為の一切が神の教えに従うことであり、必然的に似た構造をもつことになるのだ。そしてイスラム国家の場合、イスラム教の規範に政治や経済も立脚している以上、政治的指導者がどういう思想を選択するかによって、国の方向性が大きく変わるのは当然なのだ。

	ユダヤ教	キリスト教	イスラム教
信じる神の数	一神のみ	一神のみ	一神のみ
信仰対象	主なる神（ヤハウェの発音は禁じられている）	父なる神、イエス、聖霊（聖三位一体が唯一神を表す）	アッラー
最大の預言者	モーセ	イエス・キリストは預言者以上の者・メシア・神の子	ムハンマド
聖地	エルサレム	エルサレム（教派によりローマやシナイ山なども）	メッカ、メディナ、エルサレム
聖職者と指導者	聖職者はいない（ラビは宗教的な指導者であるが、聖職者ではない）	ローマ教皇、司祭、牧師など	聖職者はいない（宗教的指導者であるイマームが、礼拝などの儀式を取り仕切る）
聖典	タナハ、ミシュナー（タナハはキリスト教の旧約聖書と同じ）	旧約聖書、新約聖書	コーラン
偶像崇拝	禁止	カトリックではイエスやマリア像の崇拝は公認されている	禁止
信仰の象徴	ダヴィデの星	十字架	三日月
祈りの場	シナゴーグ	大聖堂、教会	モスク
祝祭行事	安息日、過越祭、ヨム・キプルなど	イースター、クリスマス	断食明けの祭り、犠牲祭
死後の世界	「最後の審判、復活、死後の生」への信仰あり	最後の審判の後、信仰を貫いた者は天国へ	最後の審判の後、天国と地獄に分かれる

ほかの2教とは異なる、キリスト教の非律法主義。

一方、キリスト教はどうだろうか。結論からいうと、上述のような厳格な規範はキリスト教には存在しない。最大の教派となったローマ・カトリック教会の基盤である、ローマ帝国に暮らす人々の生活習慣を変えることなく発展してきたからだ。

いうまでもなく、キリスト教の旧約聖書は、もともとはユダヤ教の聖典タナハであり、それは当然コーランと共通する内容でもある。だがキリスト教における宗教観は、先の２つとはまったく異なるのだ。

最初期の布教段階に遡ると、異教徒への宣教を積極的に進めた聖パウロがユダヤ教の律法（食物禁忌や割礼など）を批判、廃止していった経緯がある。その結果、キリスト教は民族を問わない宗教へと転換し世界中に広まった。ユダヤ教、イスラム教で最も重要である規範が、キリスト教では排除されていったのである。

規範や戒律に代わり、キリスト教で最も重要視されるのは、死後の魂の救済だ。イスラム教でも死後の世界は説かれるが、キリスト教の場合、いつか訪れる最後の審判につねに備えていなければならない、ということが強調される。救世主であるイエスを信じる者は天国へ行くことができるが、信じない者は地獄へ落ちるという思想だ。

一方、ユダヤ教でも復活信仰が基本だが、復活に与るか否かは、日頃の信仰や善行により決まるとされる。

キリスト教が批判し、切り捨ててきた律法を遵守してきたユダヤ教。非アラブ圏に伝播していく段階で教えの内容が変化し、理想的な時代に立ち返ろうとする運動を繰り返してきたイスラム教。たどった歴史は三者三様だが、単純比較だけでは見えない強い繋がりを、互いにもっているのだ。

イスラムの建築と文化

在るのは神と己のみ。
壮麗な青の空間に、
時間を忘れて佇む。

イランの古都、イスファハーン。イマーム・モスクは、サファヴィー朝の名君主、アッバース1世の命により、26年もの歳月をかけて1638年に完成した。四イーワーン形式が特徴。すべてに一分の隙もなく、植物文様とアラビア文字が描かれた彩釉タイルで埋め尽くされている。

現れては消える礼拝者の影に、ムガル帝国の栄華が立ちのぼる。

タージ・マハルに代表されるムガル朝建築のなかでも、敷地内で10万人が一度に礼拝できるという世界最大級の規模を誇る、バードシャーヒー・モスク。パキスタンのラホールに立つこの威厳あるモスクは、ムガル帝国の最盛期、17世紀後半にアウラングゼーブ帝により建立された。

天高くそびえるミナレットから、古都に響き渡るアザーンの声。

「ブルーモスク」の通称で知られる、トルコ、イスタンブールのスルタンアフメット・モスク。ドームが幾重にも連なり、例外的に6本ものミナレット（礼拝を告げるアザーンを行うための尖塔）を擁する。オスマン帝国のスルタン、アフメット1世の命により、1616年に建立された。

西欧とイスラムの文化が交差し、まばゆいばかりの造形を生んだ。

イスタンブールのスルタンアフメット・モスク。大ドームに半ドームを接合した天井は、モスク内部から見上げると壮観。回廊の壁を埋め尽くす、青を基調としたイズニックタイルは2万1000枚以上。入り口の正面には幾何学文様の鮮やかなステンドグラスがあしらわれている。

世界で最もロマンティックな建築を巡ろう。

アルハンブラ宮殿 The Alhambra

スペイン南部、グラナダの丘の上に立つアルハンブラ宮殿は、究極の抽象性を追求したイスラムの美の賜物である。その原理は、コンパスと定規で描いた幾何学図形にある。古代ギリシャ、古代インドで発展した数学を継承し、構造や文様を通して美を極めたのが、イスラム建築だ。

全体の平面計画、部屋の構成、文様のプログラムまで、幾何学的な対称性と反復が一貫した基準となる。まるで蜂の巣か鍾乳石のように、複雑で有機的に見えるムカルナスでさえ、明確な幾何学によって成立している。反復の単位とその中心を捉えれば、その幾何学性は容易に見極められる。

アルハンブラの幾何学文様には、２つの進化が認められる。簡単に描ける正多角形から、星形へと飛躍することによって、図形の多様性が格段に増加した。加えて、図形の縁に幅を持たせ、組紐文様にすることで、錯綜する効果を生じさせた。

幾何学性は、単に幾何学文様を発展させただけではない。アラベスク（植物文様）や文字文様の基盤ともなった。壁面に刻まれた聖なるコーランの一節や、アラビア語の詩は、抽象化された空間に意味を与え、神の被造物としての宇宙や天国と結びつける。柔らかい曲線を用いて絡み合うアラベスクは、直線文様とは異なる効果を醸し出す。これらが入り交じり、あたかも皮膜のように空間を包み込む。

（深見奈緒子）

獅子のパティオ

The Court of the Lions

欧州諸国のなかで最も古いイスラム文化が根づいたスペイン。14世紀、ナスル朝期に建立されたグラナダのアルハンブラ宮殿は、いくつかの中庭からなる複合宮殿だ。「獅子のパティオ」は、美術品のような列柱と12頭の獅子像から湧き出して走る水が、訪れる者を魅了する。

休憩の間

The Room of Retreat

ハマムと呼ばれたコマレスの浴場内に、ひと休みするための場所として設けられた。木、スタッコ(漆喰)、タイルと天井から床へと素材が使い分けられ、スタッコ部分にはアラビア書道が刻まれ、金・朱・青の彩色が復元されている。2つのアーチを対にするのは、ヨーロッパ建築と共通。

休憩の間
The Room of Retreat

同じくハマム内。ここはなかなか目にすることのできない、休憩の間の天井部分。寄木細工とシルバーを使った象嵌を組み合わせている。2階のバルコニーでは楽士が音楽を奏でていたという。高い位置に四方にわたって窓を作り、光を取り入れる工夫は随所に見られる。天井の装飾、光、音楽が楽園を体現する。

大使の間

The Chamber of the Ambassadors

上：アルハンブラ宮殿で最大の部屋といわれる大使の間は、外国使節との謁見などに使われていたという。右ページの二姉妹の間と比較をすると興味深いのが、天井の細工の違い。こちらは中央に木のムカルナスの星を配置、そこから四隅に稜線を渡して、曲面部分に寄木細工を施した。天井を埋め尽くす寄木細工の数は8,017個にのぼる。

二姉妹の間

The Hall of the Two Sisters

右ページ：有名な獅子のパティオの北側に位置する二姉妹の間。天井を見上げると、みごとなムカルナス(鍾乳石飾り)を発見する。中央に星を配置、そこから8本の線を延ばして八角形を形成して、スクエアな空間にムカルナスのドームを完成させた。外周部には八点星が16個。

コマレスの浴場
The Bath of Comares

左ページ：星降る夜空のようなハマム内の温浴室。真ん中に配された星を中心に、4、8、12と星形は広がり、複雑な曲面天井を作る。ハマム（浴場）は、2階建ての休憩の間、星形の天井を持つこの温浴室と熱浴室から成り立つ。星はコーランに頻出し、イスラムでは知識を意味する。

祈りの間
The Oratory

上：祈りの間の壁。星形を中心にして六角形を反復する窓ガラス、壁にアラビア書道による銘刻句、曲線を用いたアラベスク（植物文様）などが見て取れる。アルハンブラ宮殿に刻まれたアラビア書道は、コーランの引用句、アラブ古典詩、神と統治者を崇める文句の3種類がある。

コマレス宮
The Comares Palace

左下：王の謁見の間でもあったコマレス宮のファサードの一部。象嵌と寄木細工の組み合わせで、やはり、星形を中心に据えた反復の文様である。右のモザイクタイルと同様、組紐文様を交差させて解けない印象に。じっと見つめているとある種の境地へ導かれる。

休憩の間
The Room of Retreat

左上：浴場内の一部。スタッコに貝殻や植物の文様、そしてアラビア書道をデザイン化、浮き彫りにした。スタッコの白を残さず、青・朱・金で彩色。なかでも金彩は宮殿建築の特徴で、諸王の間の天井画にも見て取れる。中央にはアッラーという文字。

王女たちの塔
The Infants'Tower

右下：アルハンブラ宮殿の東のはずれにある王女たちの塔は、通常は目にすることができない場所。ここに残るモザイクタイルは、アルハンブラ宮殿で発達した高度なデザインの文様だ。星形と組紐を中心にした文様の反復は、視覚的に錯綜感を与える効果がある。

アラヤネスの中庭
The Court of the Myrtles

右上：コマレスの塔を望み、中央に水を湛えた池を配したアラヤネスの中庭。このムカルナスは、ナスル朝建築において、特別に重要な天井部を飾るために用いられた。中央アジア発祥のムカルナスはアフリカやスペインに広まり、スペインで精緻を極めた。

カウティバ塔

The Captive's Tower

ここもまた、観光では立ち入ることのできない塔のひとつ。スタッコにアラベスク、星形文様、アラビア書道を浮き彫りした。多弁形の馬蹄形アーチは、2つが対をなしている。宮殿内には3つのアーチの連なりも見て取れるが、この場合は、真ん中のアーチの中央で対称をなす。

聖なる祈りが育んだ、壮麗な建築物。

用語

特徴的な構造を理解するための用語解説。

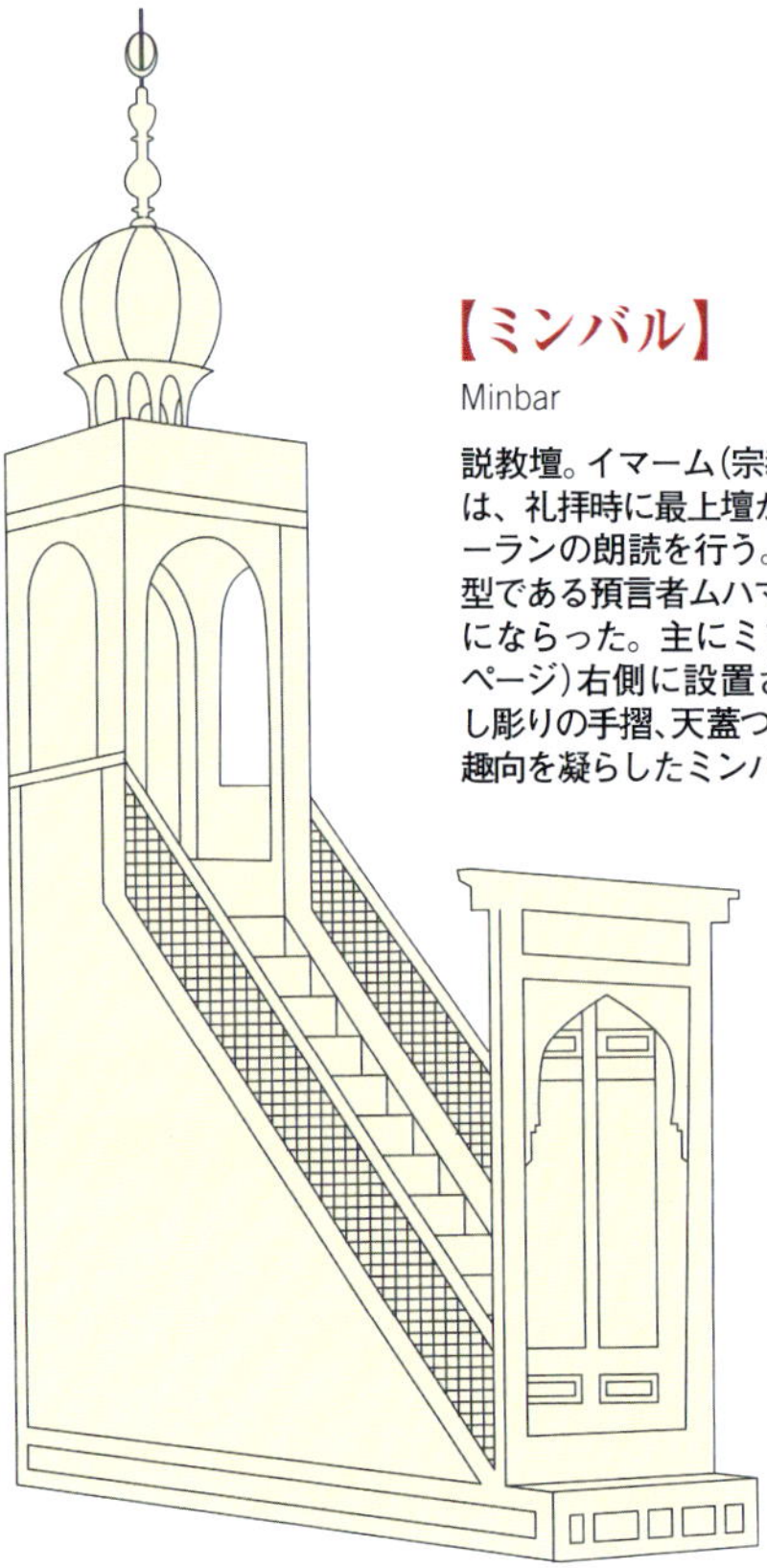

【ミンバル】

Minbar

説教壇。イマーム(宗教的指導者)は、礼拝時に最上壇から説教やコーランの朗読を行う。モスクの原型である預言者ムハマンドの住居にならった。主にミフラーブ(65ページ)右側に設置される。透かし彫りの手摺、天蓋つき玉座など、趣向を凝らしたミンバルも多い。

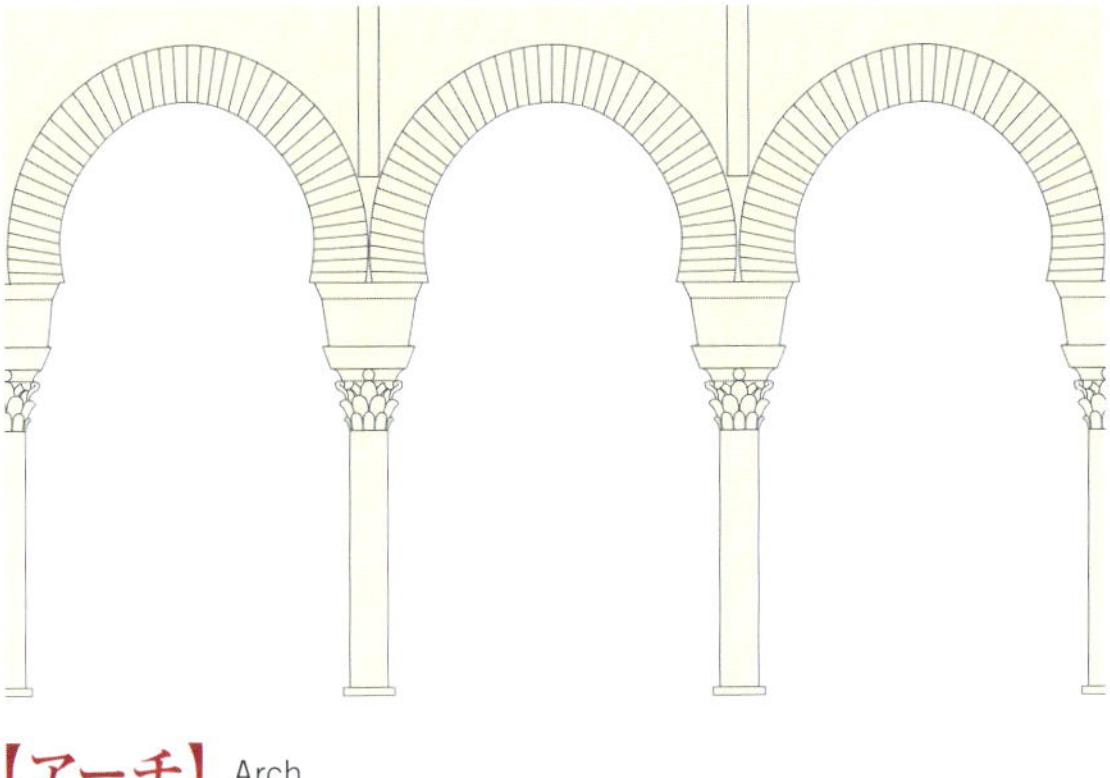

【アーチ】 Arch

楔形の素材を積み重ね、開口部を作って大空間をつくる、イスラム建築の代表的な技法。イスラム以前の半円アーチや放物線アーチから、尖頭形アーチ、馬蹄形アーチ、多弁形アーチなど多くのバリエーションを生み出していく。

【マクスーラ】

Maqsura

支配者や君主が住む町の大モスクには、彼らのためミフラーブ(65ページ)の近くに特別に仕切られた礼拝席が設けられた。この貴賓席の呼称。ドーム式の天井が多く可動式のタイプも。マクスーラがないモスクもある。

【ドーム】

Dome

タージ・マハル(73ページ)に代表される、半球形の円天井。モスクには中央に巨大ドームを設けるスタイルと、小ドームの連続で空間を構成したものがある。特徴は、大空間を形成できること。大ドームは宇宙を想起させる象徴的な空間となり、墓廟建築にも使われた。

【イーワーン】

Iwan

中庭など大空間に向けて開かれた、高いカマボコ形天井をもつ開放的な広間のこと。四角形の中庭の4辺それぞれにイーワーンを配置したものを四イーワーン形式と呼び、ペルシャ・イスラム様式の大モスクに顕著だ。

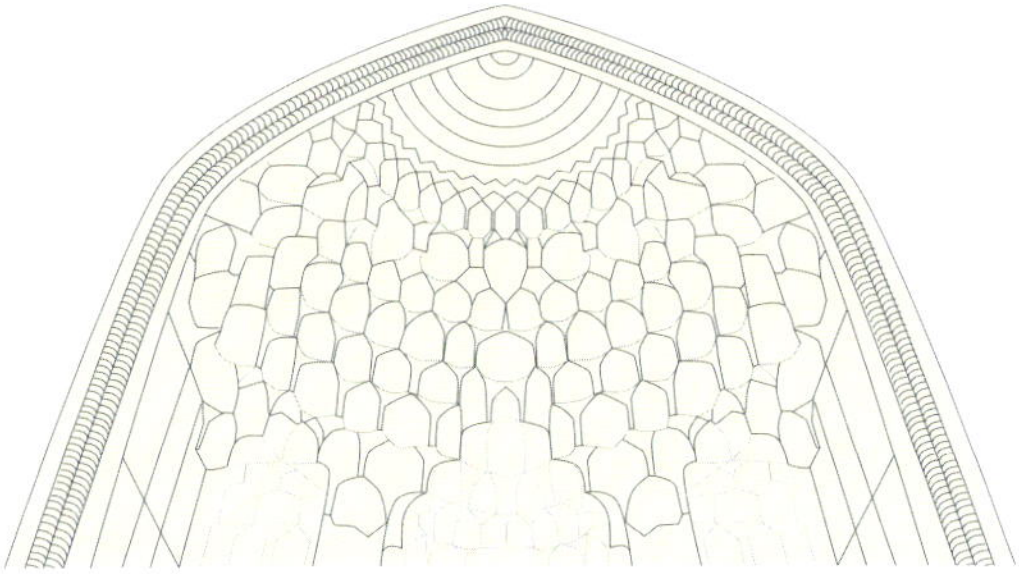

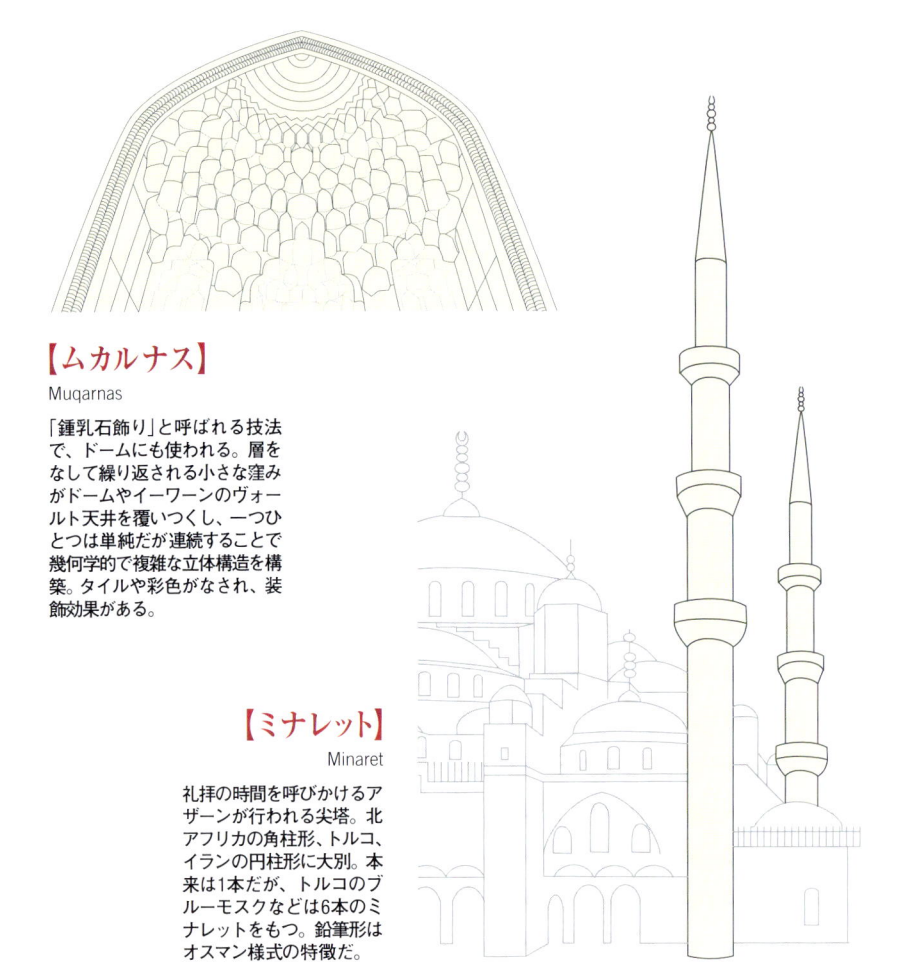

【ムカルナス】

Muqarnas

「鍾乳石飾り」と呼ばれる技法で、ドームにも使われる。層をなして繰り返される小さな窪みがドームやイーワーンのヴォールト天井を覆いつくし、一つひとつは単純だが連続することで幾何学的で複雑な立体構造を構築。タイルや彩色がなされ、装飾効果がある。

【ミナレット】

Minaret

礼拝の時間を呼びかけるアザーンが行われる尖塔。北アフリカの角柱形、トルコ、イランの円柱形に大別。本来は1本だが、トルコのブルーモスクなどは6本のミナレットをもつ。鉛筆形はオスマン様式の特徴だ。

【ミフラーブ】

Mihrab

モスクや礼拝室の奥壁に設けられた壁龕（へきがん）で、キブラ（メッカのカーバ聖殿の方角）を示し礼拝の指標となる重要な装置。2本の柱に支えられたアーチを単位とする戸口の形をとる。より精緻な幾何学装飾が施される場所である。

【タイル】

Ceramic tile

イスラムの美的・宗教感覚を凝縮し、特異な発展を遂げた装飾技法。図柄を絵付けしたものや、単色のタイルを幾何学的に組み合わせるモザイクタイルの技法も使われる。釉薬をかけたタイルは退色も少ない。

【多柱式プラン】

Arab-plan / hypostyle

成人男子は金曜日の昼の礼拝を集団で行わなければならない。大人数が同時に礼拝する大モスクで大空間を確保するために普及した様式。林立する無数の柱とアーチが、無限に広がる大空間を可能にした。

「預言者の家」から始まった、モスクの建築様式。

イスラム建築の源流は、622年メディナに移住したムハンマドが築いた、「預言者の家」（預言者モスク）である。

家は信仰共同体でもあり、土の囲いとナツメヤシの柱と屋根でできた空間が特徴のこの建物は、モスクの規範にもなった。それから約1400年、建築様式はどのような歴史と変遷をたどってきたのか。

8世紀には、イスラムの勢力はイベリア半島や中央アジアへも広がる。やがて各都市に金曜の集団礼拝のための大モスクが、アラブ・イスラム様式で建造された。それらは、「預言者の家」にならい、林立する柱で広い空間を創出する多柱式プランが特徴である。アッバース革命でスペインへ逃れたウマイヤ朝の王子は、多柱式プランの代表的な建築物である「メスキータ」を築く。

11世紀半ば以降、イスラムの支配者となったトルコ族により、ペルシャの建築技術であるドームやイーワーンを組み合わせ、ペルシャ・イスラム様式が誕生する。タイルやムカルナスの技法が採用されたのもこの時代だ。その代表例はイスファハーンの大モスク（69ページ）だ。中庭に向かってイーワーンが開口し、大ドームを冠する大空間の礼拝堂が登場する。

16世紀になると、ビザンチン建築の影響を受けたオスマン朝の建築様式が地中海世界を席巻する。大きなドームに半ドームを接合する、イスタンブールのスレイマニエ・モスク（68ページ）などに、その様式は顕著だ。

（橋場一男）

紅白の2層アーチが連なる、多柱式プランの精華。

コルドバのメスキータ Historic Centre of Cordoba

ウマイヤ朝の末裔は、756年にシリアからスペインへ渡り、コルドバを首都とする後ウマイヤ朝を樹立する。大モスクの建設は784年から始まり、巨大なモスクに成長した。多柱式プランだったために、無限の空間拡大が可能だった。10世紀後半のハカム2世による増築では、貴賓席マクスーラが設けられ、その上部に金彩モザイクのドーム天井が架けられた。レコンキスタ（キリスト教国による、イベリア半島の再征服活動を総称した名称。718年に始まり、1492年まで続いた）によるイスラム支配者の駆逐後は、大モスクはキリスト教大聖堂、ミナレットは鐘楼に用途変更され、名建築は今日まで生き延びた。

上：金彩のガラスモザイクで装飾されたマクスーラ上部の宇宙的なドーム天井は圧巻だ。左：ガラスモザイクで彩られるミフラーブ。手前に支配者のための礼拝席、マクスーラが設けられた。

メスキータの中庭。列柱で中庭を囲む様式がイスラム建築の原型である。右に礼拝室。

多柱式プランの礼拝室。赤レンガ（軽、柔）と白大理石（重、硬）を組み合わせて2層アーチを構築。

オスマン様式の特徴のひとつ、鉛筆形ミナレットが4本並ぶ。大小のドームでピラミッド形に構成される。

ミナレットよりイスタンブールの金角湾を望む。連なる小ドームが特徴。

複合施設でもあった、オスマン帝国の象徴。

スレイマニェ・モスク

Suleymaniye Camii

ビザンツ帝国の大聖堂アヤ・ソフィアを下敷きにしたといわれる、イスタンブールに残るオスマン様式のモスク。オスマン朝のスレイマン1世の命により1550年に着工した。鉛筆形のミナレットと大きなドームの周囲に半ドームを配する集中式プランが特徴。モスクのほか病院、宿泊施設、学校などを併設した複合施設でもあった。ビザンツ帝国を象徴するアヤ・ソフィアをあえて手本にすることで、オスマン朝の威光を強調する意図もあったのだろう。

高名な建築家、ミマール・スィナンの設計による。赤い絨毯が敷き詰められた礼拝堂。

©R.CREATION/SEBUN PHOTO/amanaimages

古代ペルシャの要素であったイーワーンが復活し、大ドームとともに取り入れられた。

©The Bridgeman Art Library/amanaimages

精緻なムカルナス天井。一面が複雑なモザイクタイル装飾に覆われている。

14世紀初頭のミフラーブ。細かな装飾が繊細なペルシャ・イスラム様式を表す。

©R.CREATION/SEBUN PHOTO/amanaimages

左上の写真の鮮やかなイーワーンとは異なる様式。中庭の4辺中央に設けられた。

©The Bridgeman Art Library/amanaimages

イスラム以前の技法が凝縮した、ペルシャ・イスラム様式。

イスファハーンの大モスク Great Mosque of Isfahan

イスファハーンに四イーワーン構造で鎮座する、この大モスクの歴史は、755年にまで遡る。現在のような形になったのは、11〜12世紀のセルジューク朝時代。礼拝室の前に立つ2本のミナレットは15世紀の建築だ。

その後、サファヴィー朝時代の18世紀初頭に大規模な増築や修復がなされた。誰もが息をのむ鮮やかなタイルや緻密な彫刻は、この頃に加えられたものだ。

ひとつのモスクのなかに1000年を超える建築様式の変遷が見て取れる、まさに歴史そのものを内包する重要施設である。

機能

執政や学び……、機能により分化した集いの場。

　預言者ムハンマドがメディナでイスラム共同体を営んでいた7世紀、その住居は礼拝の場であると同時に、学校、病院であり、貧しい信者たちの生活の場としても機能していた。また、ムハンマドはこの地に葬られ、その墓は参拝の対象となった。

「預言者の家」（預言者モスク）が備えていたこうしたさまざまな機能や用途は、初期のモスクに取り入れられていたが、やがて、それぞれの用途別に独立した建築物が建てられるようになる。

　イスラム建築は、その用途により宗教建築と世俗建築に大別される。

　後者の代表例は宮殿だ。7世紀以降、イスラムの君主たちは、各地に政権を打ち立てる。彼ら君主の暮らしと執政の場として、広大な宮殿が建設されるようになった。こうした宮殿建築は、建築に限らず、さまざまな芸術の発展にも寄与した。

　一方、宗教建築の代表であるモスクからは、イスラム諸学を学ぶための高等教育施設が、寄宿学校「マドラサ」として独立し、12世紀のイスラム文化の拡大とともに各地に建設されていった。

　また、死後も、「最後の審判」の日までは、地上に待機するという思想が墓廟を発展させる。墓は最後の審判までの、死後の住まいであった。死後にも人々に恩恵を与える聖人の墓廟には、参詣者が絶えない。やがて、権力者が墓廟を半永久的に持続させるための、宗教的慈善事業としての意味合いをもつようになる。

（橋場一男）

「獅子のパティオ」。12頭の獅子像の口から吐き出された水が、十字に切られた水路を通して建物内に流れる。

イスラム的な美が集約された、唯一無二の宮殿。

アルハンブラ宮殿

The Alhambra

イベリア半島最後のイスラム王朝、ナスル朝の宮殿として建てられたアルハンブラ宮殿は、イスラムとヨーロッパの接点に生まれた楽園だ。城塞の建設は9世紀に遡るが、13世紀にナスル朝創始者ムハンマド1世がグラナダに入り、宮殿のほか、モスク、学校、浴場、官庁などの施設を備える宮殿都市へと拡大。

大理石で彫られた獅子像が支える泉盤を中央に据えた「獅子のパティオ」は、レースのようなムカルナスと細い列柱がリズミカル。庭園を田の字形に切り十字に水路を通したチャハールバーグ（四分庭園）で、南北にムカルナス装飾で知られる「アベンセラーヘスの間」などがある。レコンキスタによる陥落以後には、一部にキリスト教徒の手が加えられた。

ムカルナスが美しい「アベンセラーヘスの間」の漆喰天井。天窓から差し込む光が複雑な造形に乱反射する。

王侯の謁見の間だったとされる「コマレス塔」。中庭の水盤が塔を映し出し、非現実的な美しさを演出する。

赤い城壁で囲まれる宮殿の外観。背後にはシエラ・ネバダ山脈がそびえ、在りし日の栄光を偲ばせる。

33m四方の大中庭。高さ27mのイーワーンを対称位置に4つ配する。手前のドーム建築は沐浴のための泉である。

ミフラーブ(中央)とミンバル(右)。ミフラーブのアーチは色大理石の象嵌と美しいアラビア語の銘文で彩られている。

カイロのイスラム地区に立つスルタン・ハサン学院。ひときわ高いミナレットがそびえる。中央のドーム建築は、マドラサに付設された墓廟である。

指導者を育成する、イスラム四法学派の寄宿学校。

スルタン・ハサン学院 Mosque-Madrasa of Sultan Hassan

イスラムの高等教育施設は、マドラサと呼ばれる寄宿学校だ。マムルーク朝期の1356年着工の未完のスルタン・ハサン学院は、中庭に4つのイーワーンをもつモスクを中心に、四隅の区画それぞれにイスラム四法学派のマドラサが配されている。それぞれのマドラサは教室にもなる中庭とイーワーン、中庭を囲む4階建ての寄宿舎からなる。モスクのイーワーンにはコーランの言葉をつづった無数のガラスランプが吊り下げられている。墓廟も併設され、病院や孤児院、市場なども計画されていた一大複合施設だった。

超絶的技巧が生んだ、世界に冠たる美しき墓廟。

タージ・マハル Taj Mahal

世界一有名なイスラム建築、タージ・マハル。タージは王冠、マハルは宮殿を意味する。ムガル朝君主シャー・ジャハーンが、1631年から47年にかけて妃ムムターズ・マハルのために建造した白亜の墓廟だ。廟の左右に迎賓館とモスクを配した左右対称のプランをもつ。広大な庭が設けられ、かつては参拝者のための隊商宿も設けられた。最大の特徴はドームで、外観を強調することで墓廟の場所を示している。ティムール朝、サファヴィー朝のドームを受け継ぎ、ドームはより膨らみを増した宝珠のような形になった。

シャー・ジャハーンとムムターズ・マハルの墓碑を囲む結界。白大理石に見事な透かし彫り。

赤砂岩でつくられた南門が多くの観光客を迎える。奥に控える白亜の墓廟とのコントラストが鮮やか。細部にわたり華麗な文様で彩られている。

左右対称のプラン。庭園が芝生になったのは20世紀になってからで、もとは木々が生い茂っていた。世界遺産。

地域

気候風土に合わせ変化した、驚くべきモスク群。

アラブ、ペルシャ世界から離れた地域では、イスラム建築はその土地の風土や材料、建築文化に沿い、独自の進化を遂げた。

8世紀に地中海世界に広まったイスラム文化の影響は、サハラ砂漠を越えて西アフリカへ。13世紀にイスラム国家として栄えたマリ帝国では、大モスクが建てられた（左ページ）。当時の伝統的な土着技法はいまなお続き、おもな建築素材は木材と日干しレンガで、外観は泥の左官で仕上げられる。

一方で、インド洋やシルクロードを通り、回教として東方に伝播したイスラム文化は、中国の伝統的な住宅建築様式を採り入れた木造瓦葺きのモスクを生み出した。中国ではモスクは「清真寺《せいしんじ》」と記される。

多くは戦乱と文化大革命で破壊されたが、創建を唐時代に遡る清真寺は西安にあり、現在も信仰の場として機能している（77ページ）。イスラム建築の趣はなく、寄棟造の本殿の背後に小部屋が組み合わされ、その内部がミフラーブになっている。

東西交易の中継地だった東南アジアにもイスラム国家が生まれ、インドネシアのジョクジャカルタには、17世紀に木造モスクが建造された（76ページ）。ヒンドゥーの宮殿建築の技法を採り入れ、セランビと呼ばれる中庭の役割を担う吹き抜け空間が特徴だ。

イスラム建築は、その広がりとともに、在地の技法や様式を採り入れて、多様なる適応を成し遂げた。

（橋場一男）

乾いた風土が生んだ、幻想的な泥のモスク

ジェンネの大モスク

Great Mosque of Djenné

泥で仕上げた大モスクの技法は、13世紀、西アフリカに成立したイスラム国家、マリ帝国にまで遡る。西アフリカで暮らすドゴン族の土着の住居建築の技法と伝統的な素材が用いられた。厚い土壁と日干しレンガがアフリカの太陽の熱射を遮り、室内の環境を穏やかに整える。創設のモスクは19世紀前半に破壊され、このジェンネの大モスクは、フランス植民地時代の20世紀初頭に復元されたもの。毎年、雨季の後にファサードの泥を塗り直すため、外壁には足場となる木桁が突き出している。また、純潔と豊穣の象徴、ダチョウの卵を塔の上に戴く。イスラム建築の定形にとらわれずに進化した好例だ。内部の礼拝室は100本の角柱が支えている。

ファサードから突き出た木桁は、泥の塗り替えの際には足場になる。塗り替えは毎年、行われる。

一般的なモスクと同様、中庭も設けられている。当初は土着のアニミズムの影響を受けていた。

日の光に照らされ輝く外観。塔の上にはダチョウの卵が。泥で固められた外壁の造形もユニークだ。

木造の梁柱構造を用い同心状に平面を構成する。いちばん高い部分を支える4本の身舎柱(もやばしら)が見える。

熱帯気候に即した、吹き抜け構造のモスク

ジョクジャカルタのモスク

Yogyakarta Mosque

東西交易の中継地だった東南アジアでの最初のイスラム国家は、13世紀にスマトラ島に誕生する。その後ジャワ島にも伝播し、17世紀、ジョクジャカルタに木造モスクが建てられた。

礼拝室は何本もの柱が天井を支える多柱式だが、柱は3段階に高くなり、中央の天井高が最も求心性のある空間をつくりだしている。熱気が上空に抜けることから、熱帯モンスーン気候に適した構造で、壁を取り払った開放的なセランビとともに、熱帯性の風土に適した様式に変容したことがわかる。

屋根の形からピラミディカル・モスクとも。手前の2重屋根がセランビ(前殿)。

礼拝堂の手前に立つセランビ。柱が林立し、仕切りのない大空間にすることで涼しさを保つ。東洋的な意匠も。

信仰への熱い思いが、中国建築と融合した。

西安大清真寺 Great Mosque of Xi'an

中国には東南アジアを経由する海路と、シルクロードの陸路を経て到来した西域の商人を通じてイスラム文化が伝播した。シルクロードの起点だった西安には、8世紀にはすでに回教としてイスラム教が伝わりモスクが建てられた。明の時代以後何度も改築された西安大清真寺が、モスクとして現存している。

中庭が連なる構成は、四合院（しごういん）という典型的な家屋建築様式にのっとっている。また、抽象化されたアラビア文字に加え、漢字の額が飾られる。信仰へのあくなき探求が随所に感じられるモスクだ。

礼拝大殿の入り口付近。瓦が載る大屋根を支える列柱には、アラビア語の文字文様が描かれている。

磚刻（レンガ彫り）による木々の茂る情景を描いた中国的なレリーフのもと、メッカに向かって一心に礼拝する中国人ムスリム。

中庭の月台手前に配された鳳凰殿と呼ばれるキオスク(亭)。中国のイスラム教徒は2000万人ともいわれる。

新潮流

想像を超えて進化する、21世紀型モスク

世界のイスラム人口は13億人を突破し、さらに増殖しつつある。それに伴い、現代のムスリムの表象ともなる壮大なモスクも数多く建設されている。そんな現代モスクには、３つの方向性が見て取れる。

ひとつ目は、いわゆるイスラム風。いままでの歴史的イスラム建築の様式をバラバラに解体し、部分的に寄せ集めると、イスラミックな雰囲気をもった奇想天外なモスクができる。アブダビのシェイフ・ザイド・モスク（左ページ）は、白亜のタージ・マハルを思わせるドームの内側に、コルドバのメスキータ風の交差アーチが架かる。アラベスクは、本来の対称性と反復性を失い、あたかも墨絵のように壁面や床に空白を残す。

２つ目は、新技術・新素材を駆使した挑戦的なモスクだ。鉄やコンクリート、ガラスなど、新たな素材を用い、膜構造や折れ板構造のドームや天井を作り出す。伝統から抜け出して、新たな方向性を模索するのだ。イスラム教徒が大半を占める国ばかりでなく、欧米にもこうしたモスクが建てられた。

３つ目は、かつての大帝国の様式を見事なまでに模倣。ベイルートのムハンマド・アミン・モスク（81ページ）は、かつてのオスマン帝国のイスタンブールに立つモスクとそっくりだ。代々木上原に立つ東京ジャーミイ（１４２ページ）もこの範疇。大イスラム帝国を虎に見立てれば、その威を借る意図が見え隠れする。

（深見奈緒子）

伝統的様式の解体と混成は、まるでテーマパーク

シェイフ・ザイド・モスク Sheikh Zayed Mosque

アラブ首長国連邦（UAE）の首都アブダビに立つ。アブダビ首長国の首長でUAEの初代大統領となったザイドの名を冠する。1980年代に計画が浮上、96年から建設が始まり、2007年に完成。設計はシリア人建築家ユースフ・アブデルキーとイギリスの建設会社ハルクロー。産油国の富を惜しみなくつぎ込んだモスクで、世界各地から高価な材料が取り寄せられ、いままでのイスラム様式を取り混ぜた様相を見せる。加えて現代技術も駆使。外壁に取り付けられたLED照明で、新月から満月まで日ごとに外壁の色を変化させる。2011年11月のアラブ首長国連邦40周年記念事業の際には、白亜の外壁を舞台に、揺らめくライトアップショーが繰り広げられた。

中庭の四隅に立つ4本のミナレット（107m）はアラブ風の分節、礼拝室を覆う3つの玉葱形ドームはムガル風。中央ドームは高さ87m、直径32.8m。

中央ドームの交差アーチはコルドバ風。シャンデリアは、オーストリアのスワロフスキー・クリスタルを使用。床には世界最大のペルシャ絨毯。

馬蹄形のアーチは北アフリカやアンダルシアの様式、対の柱はアルハンブラ風。白大理石象嵌はムガル風。金色の柱頭、天井装飾、具象的植物文様はオリジナルだ。

Photo Yoichi Sakai

イスラマバードに1986年完成のファイサルモスク。サウジアラビア国王ファイサルが寄進、トルコ人建築家ダラコイ設計。

©Corbis/amanaimages

ジャカルタに1978年に完成したイスティクラール(独立)モスク。インドネシア人のキリスト教徒建築家シラバンの作品。ステンレスの柱が屹立する。

©Corbis/amanaimages

クアラルンプールに1965年に完成したナガラ(国)モスク。設計はイギリス人とマレー人2人による国の公共事業部チーム。

新技術・新素材を駆使、新国家の意気込みを表現。

ナガラ・モスクほか Nagara Mosque, Faisal Mosque, Istiqlal Mosque

イスラム建築の象徴ともいえるミナレット(尖塔)、大礼拝室の空間、水の流れる中庭が、鉄やコンクリートによって、生まれ変わる。第2次世界大戦後、独立を遂げたイスラム国家では、1960年代になるとそれぞれの首都で、イスラムの拠りどころとしての国立モスクの建設が始まる。新たな国家の意気込みを語るには、従来の造形にとらわれない新建築が必要だった。新機軸の構造美と細部の伝統的幾何学装飾が融合する。オランダから独立したインドネシア、イギリスから独立したパキスタンとマレーシアの例を紹介したい。

過去の威を借るがごとく、伝統的様式を模倣。

ムハンマド・アミン・モスク

Muhammad Amin Mosque

大ドームに半ドームを接合して、大きな礼拝室を覆う様式は、イスタンブールを占領後、6世紀建立のアヤ・ソフィア大聖堂から学び、オスマン帝国で洗練された様式だ。建築家シナンがその大役を果たしたことは有名だ。東地中海一帯を支配したイスラム大帝国の様式ゆえに、現代のモスクに各地で好んで採用される。無論、既存の様式を模倣する例は、このオスマン様式ばかりでなく、ムガル様式やマムルーク様式も使われる。モロッコのハサン2世モスクのようにその土地の様式を採用するものもある。

イスタンブールのオスマン朝最盛期のスルタンアフメット・モスク。下のムハンマド・アミン・モスクには、このモスクとの類似点が多く見られる。

Photo Hidemitsu Kuroki

レバノンの首都ベイルートに、2008年に開堂。05年爆弾テロで暗殺されたハリーリ元首相の遺体を埋葬し、ハリーリ・モスクとも呼ばれる。レバノン人アズミ・ファクーリ作。レバノンは1917年まで約400年間オスマン朝の占領下にあった。

©Corbis/amanaimages

イスラム圏のアートは、「装飾」から発展した。

神秘という言葉は「神の秘術」とも読める。イスラムの宗教美術を言い表すのに、これほどふさわしい言葉はないだろう。精妙にして緻密なその表現には、人智を超越したかのような、不思議な法則が秘められている。

17世紀前半に建てられた「王のモスク（シャー・モスク）」（現イマーム・モスク／48・84ページ）は、イスラム美術がたどり着いた極致のひとつだ。16世紀末よりサファヴィー朝の首都として栄えたイスファハーンに現存するモスクで、外壁やドーム内部は見事なタイルで飾られている。この装飾は、イスラムの神秘的な美の性格を余すところなく示している。

イスラムの宗教美術の根本は、装飾にある。これは、西洋や東洋の美術の多くで、装飾が二次的なものでしかなかったのと対照的だ。もちろん、そこには確固とした理由がある。

まずコーランは、一切の偶像崇拝を禁じている。またムハンマドの言行録であるハディースでは、人や動物を描くことが、創造主である神の領域を侵す行為として非難される。とはいえ、神への賛美と畏敬を芸術的に表現しようとするのは当然だ。ゆえに人や動物を用いない装飾が、大いに発達したのだ。そこで主要なモチーフとなったのは植物、幾何学図形、文字。「王のモスク」のタイルの柄も、この3要素の組み合わせで構成されている。

植物文様は、茎、葉、花が複雑に反復するパターンで、アラベスク（アラブふう）と呼ばれる。時に実在しない植物が登場するが、これはイスラムの楽園思想と結びついた手法と

「コーラン」

見開き口絵

カイロ(エジプト)　1304～05年　マムルーク朝
紙本金彩、着彩、インク　47.5×32cm(葉の大きさ)
ロンドン　大英図書館

後のマムルーク朝スルタン、バイバルスのために制作されたコーラン写本の見開き口絵。モスクと同じように植物、幾何学図形、文字をモチーフとした装飾により荘厳に彩られている。文言はコーラン56章77～80節からの引用。

される。

また幾何学文様は、より数学的に発想された抽象表現である。早くも9世紀から数学が発達したイスラム世界では、幾何学図形をもとに無数のバリエーションが発明された。ただし普通の人々には、その法則性はさぞミステリアスだったろう。

そして文字文様は、コーランを記述する神聖な言語とされるアラビア語を図案化している。コーランの一節や信仰告白の言葉を使うのが一般的だ。文字の形状は、判読が難しいほどデフォルメされることもある。

聖典コーランの写本の装幀には、宗教建築における華麗な装飾が、より凝縮した形で施された。その芸術性は14世紀までに成熟をみた。装飾の3要素が荘厳な調和をつくり出すさまは、コーランの朗誦にも似て音楽的だ。

このような独特の美意識は、イスラムの教えとともに、広く彼の地の人々の間に行き渡っていった。

（土田貴宏）

イマーム・モスク

イスファハーン（イラン） 1611〜38年
サファヴィー朝

「王の広場」の南端に位置する大型のモスク。革命前までは「王のモスク」と呼ばれた。内部の巨大なドームは、壁面から頂点までびっしりとタイルで装飾されている。植物文様は細部も幾何学的に破綻なく構成され、壁面には帯状に文字文様が用いられている。

意外なほど自由で楽しい、イスラムの絵画。

人や動物を描くべきでないという宗教上のルールが、イスラム世界の芸術に与えた影響は大きい。ただしコーランやモスクから離れたところでは、より自由闊達で想像力あふれる世俗美術が、脈々と生み出されていたのも事実だ。

　絵画として芸術性を備えた物語写本では、13世紀前半に制作された『マカーマート』（左ページ上）がある。これはずる賢い主人公のアブー・ザイドが諸国を訪ねる、一種のピカレスクロマンである。登場人物がそれぞれに表情豊かで、人間味があり、見ていて楽しい。当時の風俗が描き込まれているので、史料的な価値も第一級という代物だ。

　こうした写本の大半は、いわゆる宮廷画家の手によるものだった。当時の権力者たちは、各々が優れた画家を庇護し、物語に基づく豪華な写本をつくらせるのが常だったのだ。そして写本は、個人やごくわずかな人々の鑑賞の対象として珍重され、後世に受け継がれていった。

　このようなイスラム圏における絵画のあり方は、ヨーロッパにおいて多様な絵画が室内空間を飾る役割を果たしたことと対照的であり、興味深い。イスラム絵画ならではの細部の描き込みや物語性にあふれた構成は、そんな背景にも裏付けられるだろう。

　イスラムの宮廷画家の中でも、15世紀後半からアフガニスタンで活躍したカマール・アッ＝ディーン・ビフザードは、最も高名な画家とされる。代表作「ユースフの誘惑」（89ページ）は、13世紀の高名な詩人、サアディー

ハリーリー著
『マカーマート』
第138葉

「村人に尋ねるアブー・ザイドとアル＝ハーリス」
ヤフヤー・アル＝ワースィティー書・画
バグダード（イラク）　1237年　アッバース朝
紙本金彩、着彩、インク　37×28cm
パリ　フランス国立図書館

『マカーマート』は、主人公で悪人のアブー・ザイドが各地を旅しながら数々の難局を切り抜けていく説話形式の物語で、約30編からなる。絵の下端を地面とする構図は、14世紀に中国絵画の影響を受ける以前のイスラム絵画の特徴。

『皇帝ジャハーンギールの肖像』
（アルバム絵画）
ビチトル画
インド　1615〜18年　ムガル朝
紙本金彩、着彩　48×33cm
ワシントン　フリーアギャラリー

1526年に北インドを統一したムガル朝では、16世紀から17世紀にかけて絵画が発達した。きわめて精緻でリアルな描写が特徴。ヒンドゥー文化の特徴も備わっているが、第2代皇帝のフマーユーンがペルシャから連れてきた絵師の作風がルーツとされている。

原作の『果樹園』の1シーン。美男の預言者ユースフ（ヨセフ）が迷宮のような建物に閉じ込められ、女性に迫られている。キュビスムを思わせる立体的な表現や、色づかいのメリハリが秀逸だ。やがて神の起こした奇跡によって彼は誘惑から逃れるが、そこに至る緊張感が構図からも伝わる。

　さらに17世紀には、リザー・アッバースィーという画家が一世を風靡した。彼はヨーロッパ絵画にも近い洗練された作風で、現実世界を美しく描写。人物の描き方はペルシャ美術全体に影響を与えたという。この時代は、王族が高価な写本をあまりつくらなくなる代わりに、裕福な美術愛好家が絵画や書を収集するようになっていった。

　また北インドのムガル帝国でも、17世紀に絵画が最盛期を迎える。人物や植物のリアルな描写に特徴があり、繊細で華やかなものが多いが、そのルーツはペルシャの絵画にあった。『皇帝ジャハーンギールの肖像』（87ページ下）は当時の宮廷の雰囲気を伝える傑作で、天使など宗教的なモチーフも見られる。

　宗教美術としての装飾が豊かに発達した背景と比べると、こうした絵画に不遇な面があったことは確かだろう。しかし絵を描くことは、人間にとって原始的な行為。画家たちは天性のおおらかさと創造性で、イスラム絵画の豊穣な世界を花開かせた。

（土田貴宏）

『宮廷の恋人たち』

リザー・アッバースィー画
イスファハーン（イラン）　1630年　サファヴィー朝
紙本着彩　18.1×11.9㎝　ニューヨーク　メトロポリタン美術館

アッバースィーは、16世紀末から17世紀に人気を博したペルシャの宮廷画家。少人数の人物画に秀でる。美男美女の艶めかしいシーンが、なめらかな筆致で表現されている。この画風はペルシャ全体に広まった。

サアディー著『果樹園』第52葉

「ユースフの誘惑」

カマール・アッ=ディーン・ビフザード画　スルターン=アリー・アル=カーティブ書
ヘラート(アフガニスタン)　1488〜89年　ティムール朝
紙本金彩、着彩、インク　30.5×21.5cm　カイロ　総合エジプト書籍機構

往年のペルシャを代表する大画家がビフザード。複雑な建物の構造により、預言者ユースフが逃げられない状況にあることを暗示している。細かな装飾も見事。左上の部屋の右側の壁に、画家の署名がしのばせてある。

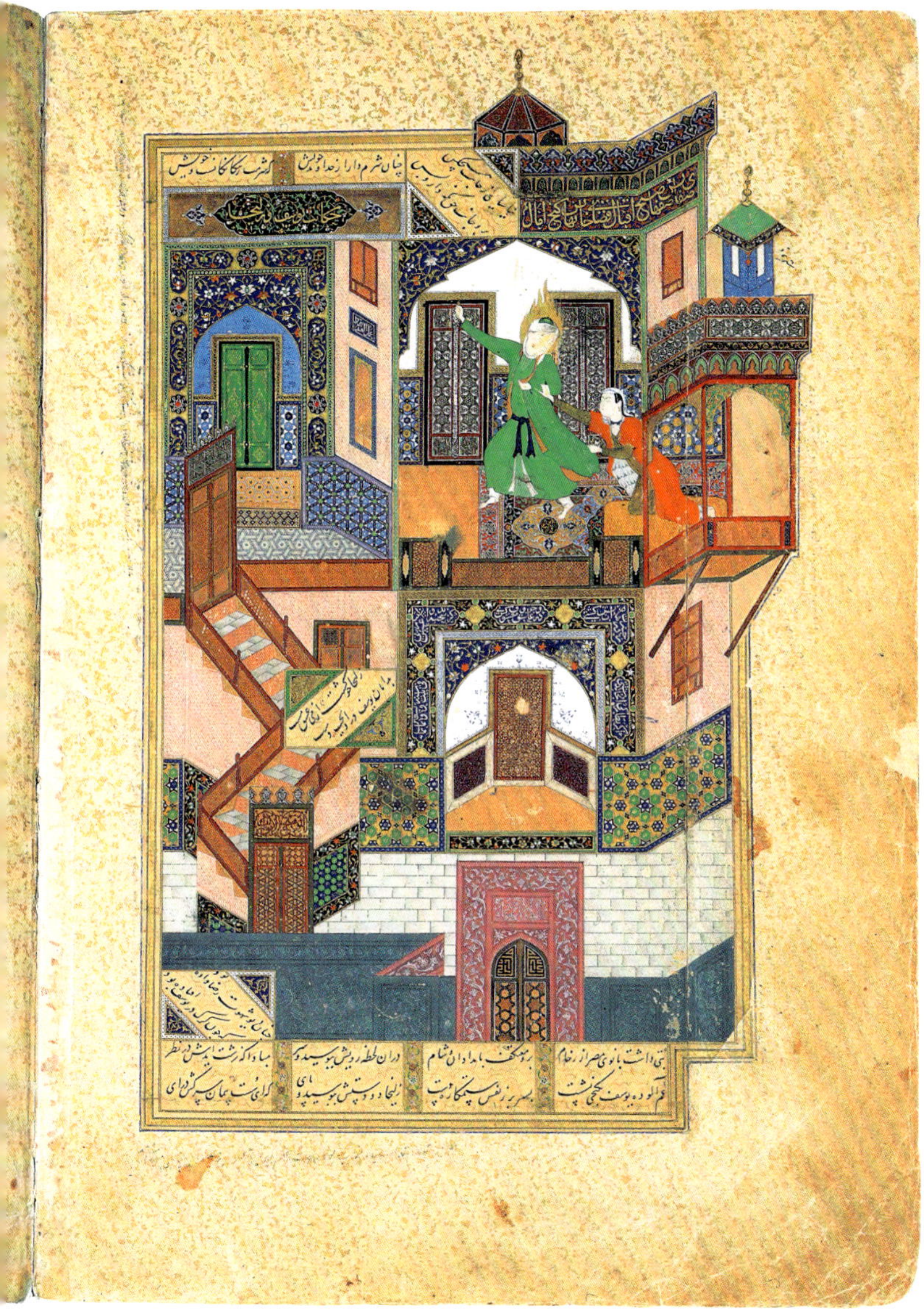

東洋と西洋が出会い、工芸の粋は極まった。

イスラム美術の中で、工芸の存在はきわめて大きい。それは、この地が歴史的に東洋と西洋の接点であり、貿易の要地だったことに関係する。多様な地域の商品や文物が持ち込まれ、ものづくりにかかわる人々は刺激されただろう。また個々の原料が手に入りやすく、輸出もしやすかった。各時代の王朝も、工芸品の製造を奨励していたという。ものづくりが活気づき、芸術としての性格が強まっていったようだ。

イスラムの工芸品のシンボルといえば絨毯だ。イスラムの地域では椅子を使わず、床に直接腰をおろす生活様式が多く見られ、絨毯は生活の道具として欠かせない。また日々の礼拝でメッカを向いて跪くときも用いられる。もちろんイスラム教の広がりとともに、絨毯が各国に広まった面もある。

彼らのつくる絨毯はパイル織で、いわば細かいピクセルによって柄が構成されている。ほかの美術と同じく、モスクなど宗教にまつわる場で使われるものは植物、幾何学図形、文字をモチーフにした装飾のみが用いられる。一般の絨毯は、さらに人物や動物の柄が入る場合が多い。左ページの絨毯では、数種の植物が絡まり合い、獅子や鹿のような動物が随所に配されている。

またラスター彩と呼ばれる陶器も、イスラム世界ならではのものだ。特殊な手法で2度焼成するため手間がかかるが、金属のように美しく輝く姿は各地で珍重されたらしい。その輝きは、数百年を経たいまも褪せていない。作者の銘やもち主への賛辞の言葉が、装飾と

絨毯　花蔓草文・動物文

イラン　16世紀後半　ベルリン国立博物館イスラム美術館

ペルシャ絨毯は、いまも中東を代表する工芸品。16世紀にはその様式が完成していた。この絨毯はたくさんの動植物がちりばめられているのが特徴。中央、コーナー、周縁の装飾枠は、多くの絨毯に共通する。

ラスター彩人物文鉢

イラン　13世紀
径21.5㎝、高さ9.6㎝
岡山市立オリエント美術館

ラスター彩は、2度の焼成が必要な手間のかかる技法。酸化銀や酸化銅を含む顔料で描いた図柄が金属的な輝きを放つ。9世紀イラクに始まり、11世紀エジプト、12世紀シリアなどでつくられたが、現在はスペインでのみ制作。

写真提供 岡山市立オリエント美術館

して記されることも多かった。

パリのルーヴル美術館の至宝とされる「聖王ルイの洗礼盤」も、イスラム由来の特筆すべき工芸品だ。これはマムルーク朝の高官の所有品で、よく見ると一人ひとりの顔や衣装が異なり、実在の人物を模したらしいことがわかる。技法としては、独自に発達した象嵌《ぞうがん》が用いられている。ただし当時は、金や銀をふんだんに使った、さらに高度な金属工芸もあったことだろう。そうした貴金属の品は、時代を経るうちに溶かして再利用されたため、ほぼ現存していないのが残念なところだ。

これらの工芸品の高度な装飾性が、宗教美術の美意識を踏襲していたのは言うまでもない。モスクを照らしたガラスのランプも、モチーフに人や動物が用いられないことを除けば、作風は同一線上にある。そして装飾こそが、イスラムにおける芸術の究極となった。西欧や日本の工芸との大きな違いは、そこにある。

（土田貴宏）

聖王ルイの洗礼盤

ムハンマド・イブン・アッ＝ザイン作
エジプト　1300年頃　マムルーク朝
真鍮、金銀象嵌
径50.2cm、高さ22.2cm
パリ　ルーヴル美術館

外側は戦闘や狩猟などの装備に身を包んだ人物が並び、隙間は植物や動物の模様で埋め尽くされている。内側の底には魚や亀など水生生物がぎっしり。手を洗うための器で、作品名にあるフランスの聖王ルイ9世とは無関係。

エナメル彩モスクランプ

エジプトまたはシリア
14世紀　マムルーク朝
透明無色ガラス、エナメル彩
高さ34.5cm
カイロ　イスラム美術館

13世紀から14世紀にかけて、エジプトやシリアではガラスの工芸品が盛んにつくられていた。このランプは宗教施設で使われたもので、動物の文様はなく、コーラン第24章「光の章」第35節の文言が図案化されている。

驚異的な発展を遂げた、イスラム圏の科学。

【数学】Mathematics 生活と結びついて発展した、代数や三角関数。

アッバース朝初期の8世紀。首都バグダードを中心に、ギリシャやヘレニズム由来の科学知識を取り込むべく、異国語の科学文献を精力的にアラビア語へ翻訳していった。この翻訳活動がイスラム独自の自然科学を開花させることになる。イスラムにおける「世界」とはアッラーの被造物にほかならない。科学によって世界を探究していく営みは、信仰に裏打ちされた力強い潮流となった。

その基本が数学である。わけてもユークリッド幾何学の公理を学者たちは熱心に研究し、次々に証明していった。同様に注目すべきは、現在も用いられる「アラビア数字」だ。本来インドで誕生した数字がこう呼ばれるのは、アラビア世界で発展し西欧へ紹介されたため。指や言葉で表していた数量を、1から9までの数字と0で示して行う計算法を進化させ、より高度な計算が可能となった。

学者たちはしだいに既存の知に飽き足らず、独自の理論を創始するようになる。数学の分野で傑出した人物は、名前のラテン語訳が「アルゴリズム」（計算法）の語源となった9世紀のフワーリズミーだ。彼は代数学を確立、「根」や「平方」という言葉を用いて事例を一般化するという、画期的な方程式の理論を打ち出し、二次方程式の解法を提示した。

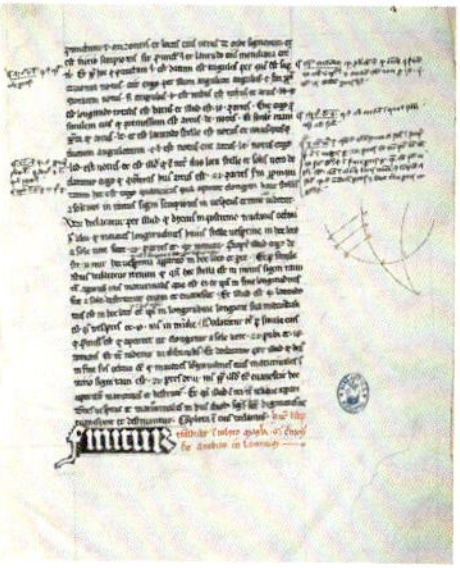

フワーリズミーによるラテン語の天文学の書。彼は数学のほか天文学でも才を発揮、研究は西欧にも紹介された。

13世紀の数学者にして天文学者、ナシール・アッディーン・トゥースィーの著書『ユークリッド原論改訂』。彼はユークリッド幾何学の集成をアラビア語へ翻訳、三角法の研究も進めた。

シリアのハマーで稼働する大水車。三角関数は、このような機械工学の発展にも、大きな役割を果たした。

16世紀ベネチアのラテン語の本に描かれたフワーリズミー（推定780〜850年）の姿。

その枢要を記した計算の書『ヒサーブ・アル＝ジャブル・ワル＝ムカーバラ』から「アルジェブラ」（代数）という言葉が生まれている。

イスラム圏の自然科学の特徴は、理論偏重のギリシャ科学とは異なり、信徒の日常生活と密接に結び付いていたことである。たとえばフワーリズミーは遺産分配について実に具体的に説明している。イスラム法の相続は非常に複雑で、代数が役立ったのだ。また、サインやコサインといった三角形の辺の比率に着目した三角関数は、水車などの機械工学や、礼拝時刻とも関係する天文学の発展に大いに寄与した。

（石﨑貴比古）

【天文学・占星術】

「空の科学」が教えてくれる、祈りの時と聖なる方位。

Astronomy & Astrology

天文学ほどイスラム圏独自の発展を遂げた学問はないだろう。大空を読み解いて得られる情報により、欠くべからざる1日5回の礼拝時間や、見失ってはならないメッカの方角がわかるからだ。

学究の始まりはプトレマイオスの名著『アルマゲスト』の翻訳。ここで述べられた天動説はコペルニクスの登場まで揺らぐことがなく、イスラムの学者たちも否定はしなかったが、緻密な検証を重ねた。

数学だけでなく天文学でも活躍したフワーリズミーの天文表『ズィージュ・アッシンドヒンド』は、彼ら最初の成果と言える。

また、イスタンブールなど主要な都市には天文台が設置され、学者たちは克明な記録を仕える君主に提出し続けた。有名な「アストロラーベ」（左ページ右上）はこの流れで誕生したもので、礼拝時刻やメッカの方角はもちろん、天体や地理のデータまで得られる驚異的な計測器だった。

天文学のデータが必要とされた理由は、イスラムの信仰や学問的見地からだけではない。星の運行を人生の趨勢に当てはめて考える占星術は、天文学にとって双子のような存在。個人の占いにとどまらず、国家や王朝の未来予測にも用いられ、より細かく具体的な情報が要求された。

占星術的解釈によりアッバース朝の正統性を唱えた9世紀のアブー・マアシャルなど、イスラム世界に限らず、中世の西欧でも権威を認められた人物もいた。（石﨑貴比古）

ギリシャで発明されたアストロラーベはイスラムの天文学と精緻な工芸技法で完成された。一般に直径12〜25cm程度。

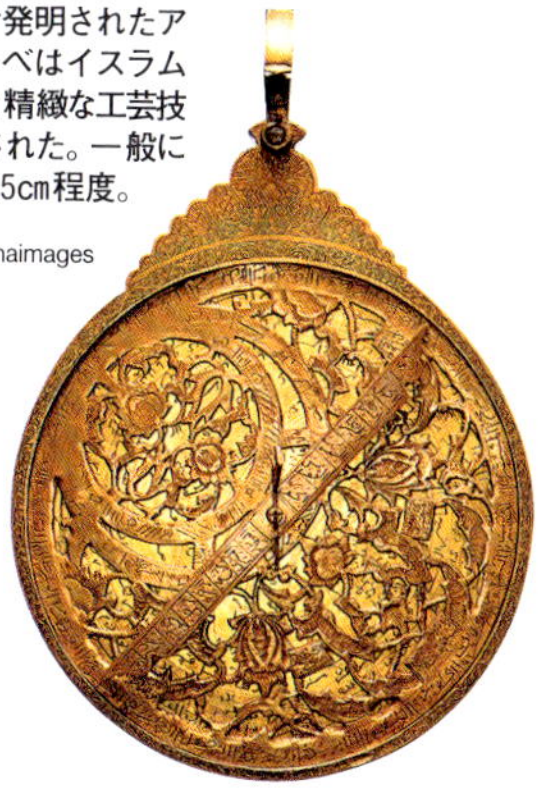

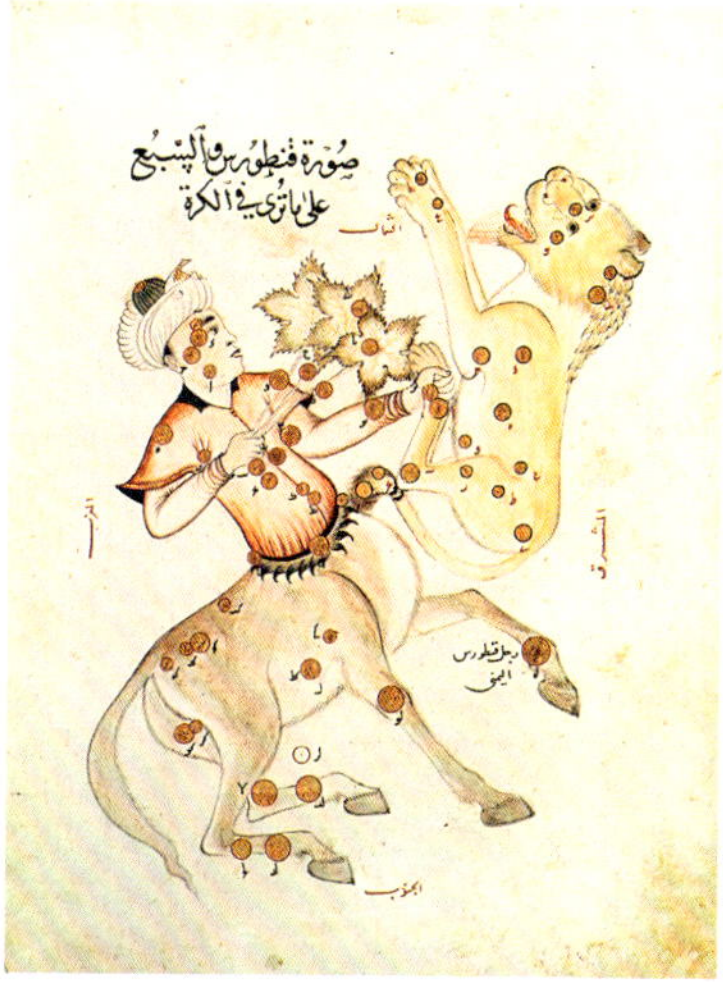

ペルシャの天文学者スーフィー（903〜986年）による『星座の書』から、射手座と獅子座の図。

『シャーヒンシャーナーメ』に描かれた16世紀のイスタンブール天文台。

【医学】Medical Science

神から与えられた肉体を究明し続けた先駆性。

アッラーが人類に与えた最上の贈り物とは何か？　その答えをムハンマドの言行録「ハディース」は「健康だ」と説く。そのゆえあってか、イスラムの医学は確かに時代を先取りしてきた。

その根幹は、ギリシャの医学者ガレノスの学説。体液と、風水火土の四元素、温・冷・乾・湿のバランスによる理論だ。9世紀ペルシャの医師アブー・バクル・ラーズィーは自らの診療経験をもとにガレノスの学説に修正を加えた大家である。

ラーズィーと双璧をなす人物が10世紀のブハラに生まれ、哲学者としても名高いイブン・シーナーだ。彼はいまでこそ常識となった肉体と精神の関係を看破し、恋愛相談や音楽による心理療法を開拓。彼の主著『医学典範』はイスラム圏だけでなく、西欧でも教科書として長く用いられた。

また、13世紀にエジプトで活躍したイブン・ナフィースも注目に値する。彼は、心臓の構造に関して、右心室と左心室の間に血液が流れる「見えない穴」があるという旧説を覆し、血液は右心室から肺を通って左心室に戻るという「血液小循環」の理論を提唱。彼自身は明言していないものの、当時は禁じられていたはずの解剖実験を行った上で考えたと推察される。

ただ、この理論の妥当性が証明されたのは、時代は下って20世紀に入ってからのことだった。

（石崎貴比古）

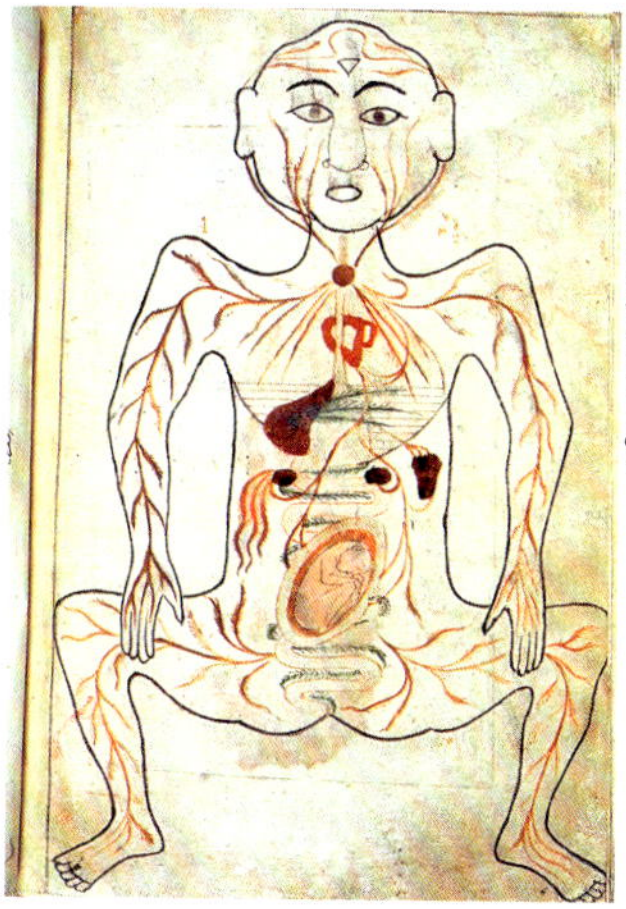

15世紀頃の『人体解剖の書』にある図。全身に血管が張り巡らされているさまが描かれている。

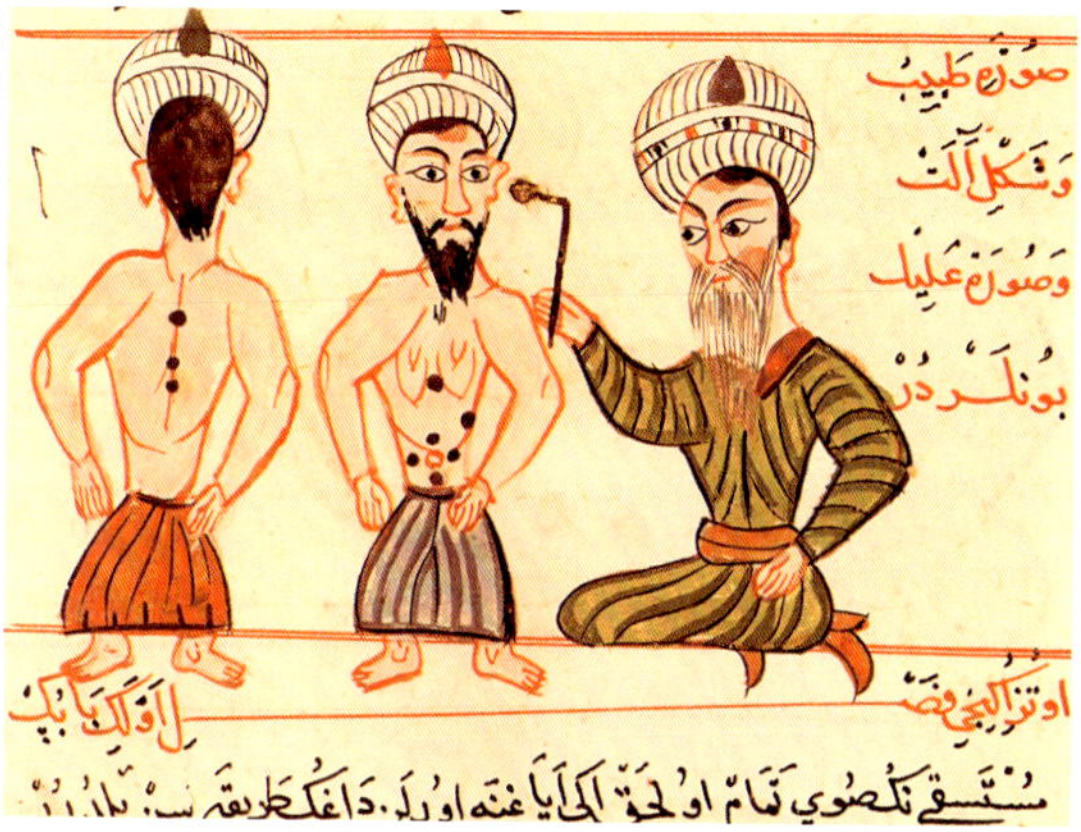

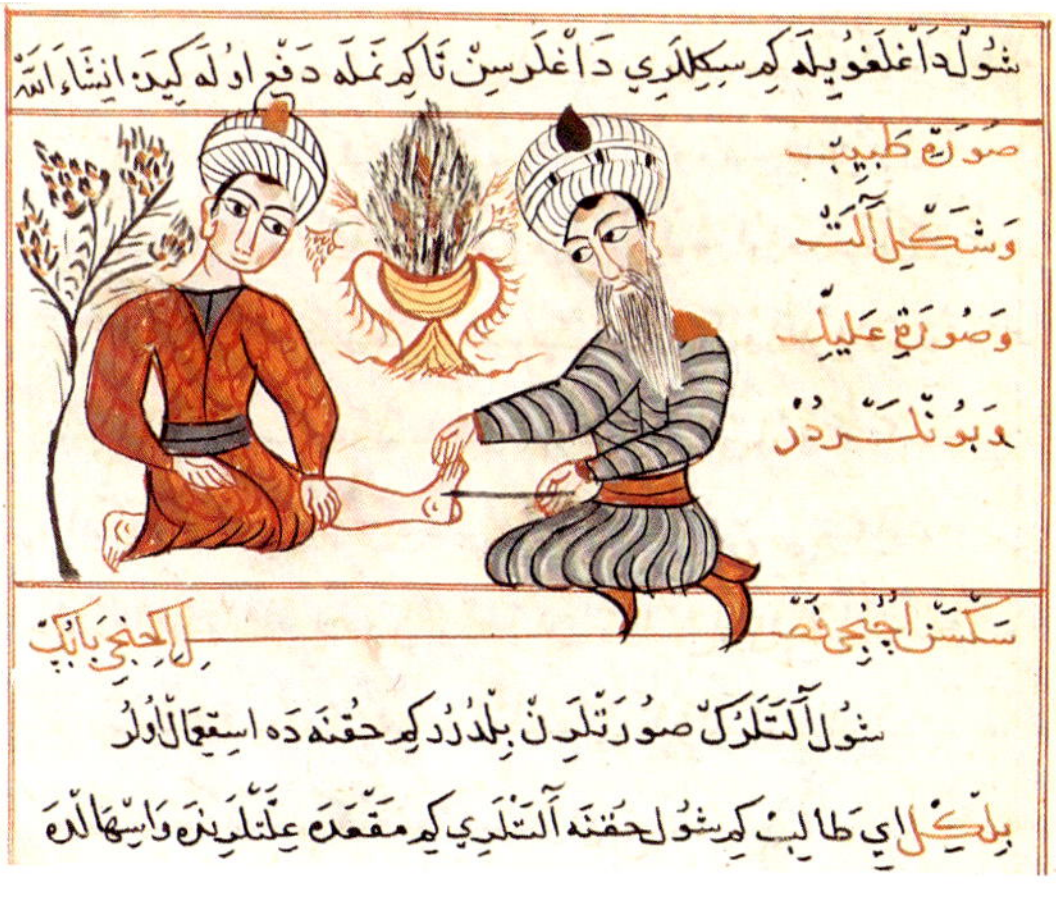

15世紀、シャラフ・アッディーンの著『国の王たちの外科』。10〜11世紀の医師ザフラーウィーの『外科の書』をトルコ語訳したもの。上：顔周辺の異常に焼きごてを用いる医師。下：足の腫れ物の治療。

かくも深遠な、イスラム教徒たちの音楽。

歌うこと、楽器を奏でること、踊ること、そしてそれを楽しむことは人類にとって根源的な行為である。しかし、多くの宗教はそれらを忌むべきものとして少なからず弾圧してきた。イスラム教においては、音楽は禁止ではないが推奨できぬものとされてきた。
しかし、中世アラブ諸国やムガル帝国、近世のオスマン帝国などにおいては、音楽は享

イスラム教を題材にした音楽

Inspired by Islam

最初に取り上げるのは、イスラムの教え、預言者や聖者への愛を題材にした音楽。中世のスーフィー詩人が残した神秘詩はムスリム・非ムスリムを問わず、21世紀のいまも世界中の音楽家に霊感を与え続けている。また、ロックやポップ、ヒップホップ、テクノなど現代の音楽を用いながら、ムスリムであることの意味を訴えかける音楽家も増加。

スーフィーとエレクトロニカ、ふたつを結ぶ陶酔音楽。

『800』

メルジャン・デデ　トルコ

トルコのスーフィー、メヴレヴィー教団の儀式、セマーの音楽をエレクトロニック・ビートと融合した音楽性で注目されるメルジャン。教団の始祖である13世紀の詩人ジャラールッディーン・ルーミーの生誕800年を記念した2007年作。メルジャンの吹くネイ（葦笛）をはじめ、さまざまなトルコ楽器の生演奏が繊細な電子音響と溶け合う。

熱いソウルが炸裂する、スーフィー・ロックの雄。

『Sampooran』

メカール・ハサン・バンド　パキスタン

自由な音楽表現が規制されるパキスタンでは、カッワーリーや中世のスーフィー詩人の神秘詩を激しいロック・サウンドにアレンジした「スーフィー・ロック」が人気。メカール・ハサンは米国のバークリー音楽大学で学んだ高度な音楽性を基にスーフィー・ロック界をリードする。カッワーリーとメタル～プログレッシブ・ロックが熱く融合。

ペルシアン・ゴシック、スーフィーを歌う。
『ナイン・ヘヴンズ』
ニヤーズ　イラン／US

ニヤーズは1979年のイスラム革命時に米国に移住したイラン人女性歌手アザム・アリを中心とした、ペルシアン・エレクトロ・ゴシック・トリオ。13世紀インド亜大陸のスーフィー音楽家・詩人アミール・フスローを題材にした2枚組で、濃密な伝統楽器と打ち込みビートが共存する1枚目と、同内容の民俗楽器アンプラグドな2枚目。

アフリカの音楽大使、ユッスーによるイスラムの音。
『エジプト』
ユッスー・ンドゥール　セネガル／エジプト

アフリカの音楽大使、セネガルのスーパースター、そして敬虔なムスリムとして、スーフィー的な人類愛を唱えてきたユッスーが、エジプトを舞台に、イスラム教に真っ正面から挑んだ04年の会心作。素朴な西アフリカのメロディとゴージャスなエジプトの大編成楽団が溶け合い、イスラム文化の多様性を世界中に知らしめた。

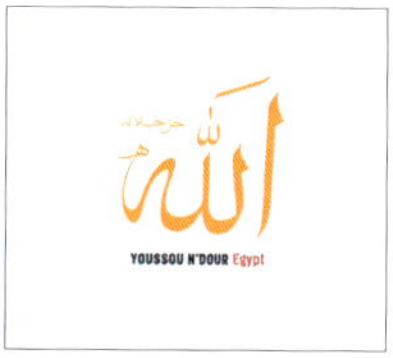

神秘の音楽を求め旅する。
『Sufi Soul: The Mystic Music of Islam』
シリア／トルコ／パキスタン／モロッコほか

スコットランド人の歴史作家が、スーフィー音楽をテーマにパキスタン、トルコ、シリア、モロッコを訪ね、音楽家たちに取材したTVドキュメンタリー。メルジャン・デデやユッスー・ンドゥールも登場する。

宗教伝統音楽を用いた、民族派ヒップホップ
『Yed El Henna』
フナイル　モロッコ

マラケシュ出身のヒップホップ・トリオの07年作。イスラム教を題材にしたラップ、ベルベル人の民謡や、グナワやエサワなど、モロッコ独自のスーフィー系宗教結社の儀式音楽、さらにウータン・クランまでが参加したハードコアなヒップホップを両立させたサウンドは既に世界レベル。フナイルとは「(人生を照らす)灯り」を意味する。

ムスリム・アメリカンによる、ヒップホップの名作。
『パブリック・エナミーII』
パブリック・エナミー

80〜90年代初頭のUSヒップホップ・シーンではネイション・オブ・イスラムやマルコムXに影響を受けたアフリカ系改宗ムスリム・ラッパーたちが活躍。ヒップホップ史上に残る名盤とされるこの作品も、そうした流れのなかから登場した。繰り返される強迫的なブレイクビーツの上で、アフリカン・アメリカンの連帯と変革が呼びかけられる。

イスラム世界のエルトン？現代ムスリム応援歌手。
『Wherever You Are』
サーミー・ユースフ　イラン／UK

アゼルバイジャン系イラン人、ロンドン育ちのサーミー。エルトン・ジョンを中東風味にしたような自作のバラードに、イスラムの精神性を説いた歌詞を英語、トルコ語、アラビア語、ペルシャ語で自在に歌い分ける。グローバル化社会において、よりよきムスリムとして生きることを歌う、人生応援歌は世界各地のムスリムにも人気。

楽的な楽しみとしてだけでなく、人の心や精神を高める芸術としても、そして叙事詩などの形で民族の記録簿としても機能してきたのも事実である。多くのスーフィー＝イスラム神秘主義教団は、歌舞音曲を積極的に修行に取り入れるなどして発展させてきた。

現在イスラム諸国および世界中で広く聴かれ、愛されている音楽を、イスラム教を題材にした音楽、宗教音楽（コーランやアザーンは音楽ではないが便宜上ここに含む）、イスラム圏の世俗音楽と、3つに分けて、CDやDVDを通じて紹介しよう。

（サラーム海上）

イスラム圏の世俗音楽

Pop music of Islamic World

現在のイスラム諸国では、日本や欧米諸国と同様に、宗教とは一定の距離を置いた世俗的な人口が激増。彼らが日常的に聴いている世俗音楽＝ポップ音楽は、セクシーな美男美女アイドルが歌い踊るアラブのポップ音楽「シャバービー」から、芸術的な古典音楽、インディーズ・ロック、現在の中東大革命に呼応するプロテスト音楽までと、幅広い。

イランでのロック演奏は、死か亡命か?

『ペルシャ猫を誰も知らない』

イラン

テヘランを舞台に、地下で活動する実在のロック音楽家カップルが違法コンサートを開くまでの苦悩を描いたドキュメンタリー映画のDVD化。彼の地で自由にロックを演奏するためには死を選ぶか、国外に亡命する以外に選択肢はないのか……?

没してもなお響き渡る、エジプトの魂の声。

『The Legend』

ウンム・クルスーム　エジプト

エジプト独立直後から70年代まで第一線で活躍し、アラブ古典歌謡を築きあげた20世紀最大の歌姫。アラブ楽器と西洋楽器を折衷した大編成ストリングス・オーケストラを従え、時に1曲の長さを1時間以上に引き延ばしながら、愛や喪失をテーマに情熱を歌に注ぎ込んだ。いまも、カイロの街頭に彼女の歌声が聞こえない日はない。

中東一の音楽都市の、地下音楽シーンに迫る。

『クロッシング・ザ・ブリッジ〜サウンド・オブ・イスタンブール』

トルコ

ドイツ人ロッカーがイスタンブールに赴き、さまざまな音楽家と出会い、彼の地の音楽を探っていくドキュメンタリー映画。スーフィー音楽をはじめ、ロマ人やクルド人の音楽、ラップやロックまで、町に蠢く音楽の層の厚さに圧倒される。

アラブのアイドルを揃えた、ポップ最新コンピ盤。

『Now Arabia 2011』

V/A　エジプト／レバノン

アラブ人歌手による現代のポップ音楽「シャバービー」は欧米のR&Bやラテン・ポップなどに影響を受けた垢抜けたサウンドに乗せて、自由恋愛や都会の生活を歌う。『NOW ARABIA』シリーズは最新のシャバービーを集めたコンピ盤。エジプトのアムル・ディアブからイラクの実力派カゼム・アル・サーヒルまで、14組を収録する。

全世界が目撃した革命の場で歌われた。

『カスバ広場からタハリール広場へ〜夢は我らの武器』

V.A.　エジプト／チュニジア

2011年初頭に起きたチュニジアとエジプトの革命の現場で歌われた歌、革命にインスパイアされ生まれた曲を集めたコンピ盤。チュニジアのラップ、エジプトのベテラン歌手や古典器楽をはじめ、タハリール広場を舞台に負傷した人々が次々と歌い継ぐビデオクリップが、YouTubeで話題となったインディーズ・ロック曲「自由の声」も収録。

アカデミー賞受賞の作曲家は、スーフィー音楽も得意。

『スラムドッグ$ミリオネア』

A.R.ラフマーン　インド

新曲を出すごとに南アジアの十数億人に歌い継がれ、アルバム総売り上げが2億枚以上という実績を誇るのが作曲家A.R.ラフマーン。彼はヒンドゥーからイスラムへの改宗組。ボリウッドに最新のテクノやヒップホップなどを取り入れる一方で、故ヌスラット・ファテ・アリ・ハーンから多大な影響を受けたカッワーリー曲も多数自作している。

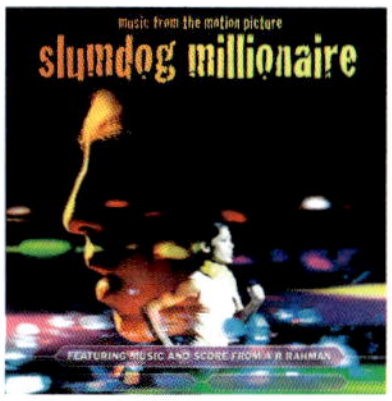

社会的メッセージを込めた、民族音楽レゲエ・ミクスチャー

『Marchez Noir』

アマジーグ・カテブ　アルジェリア／フランス

アルジェリア民主化デモにいち早く参加し、カリスマ的な存在とされたフランス在住アルジェリア系移民音楽家。彼の地の歌謡曲シャアビや黒人系宗教音楽グナワに、レゲエやロックをミックスしたポップな音楽性、アラビア語、英語、仏語を交えた社会的・政治的なメッセージは移民コミュニティの枠を超え、国際的に評価されている。

アラブ音楽の女王は、キリスト教徒。

『アーリー・ピリオド・オヴ・フェイルーズ』

フェイルーズ　レバノン

アラブ歌謡にシャンソンやタンゴ、オペラ、ラテン音楽を取り入れ、半世紀以上もアラブ音楽の女王として君臨するレバノン人歌手。彼女自身はキリスト教徒だが、祖国を歌った彼女の歌は、内戦時にも宗教を問わず、全レバノン人に愛され歌われた。1950年代の名曲ばかりを、音楽評論家の中村とうようが選曲・監修した日本編集盤。

宗教音楽

Islamic religious music

正統派イスラム教は音楽を認めなかったが、それ故に神の言葉コーラン朗誦が美しく発展したといわれる。一方、スーフィーは神に近づく修行に音楽を取り入れてきた。

20世紀最高の歌手よる壮絶な歌。

『法悦のカッワーリー1&2』

ヌスラット・ファテ・アリ・ハーン　パキスタン

パキスタン〜インドのスーフィー、チシュティー教団の儀礼音楽カッワーリー。手拍子、タブラ、歌、コーラスの10人ほどの演奏家たちが即興を交えながら、アッラーやイスラムの聖人を讃え歌い、修行者を宗教的法悦状態に導く。早世したヌスラットはカッワーリーを全世界に広めた。人間業とは思えぬ歌唱は、聴くだけでトランス寸前。

イスラムの神髄、コーラン朗誦。

『偉大なるクルアーン／イスラムの栄光〜イスタンブールのコーラン朗誦』

エルグネル・ブラザーズ　トルコ

トルコのムアジン（コーラン朗誦者）による聖典コーラン朗誦と祈りを呼ぶ声「アザーン」を収録。アラビア語の響きと朗々たるコブシ回しは、われわれの耳には音楽のように聞こえてしまうが、ムスリムにとっては宗教行為であり、音楽ではない。しかし、これらの声を聞いて、異教徒が改宗したというのも納得できる宇宙的な美しさである。

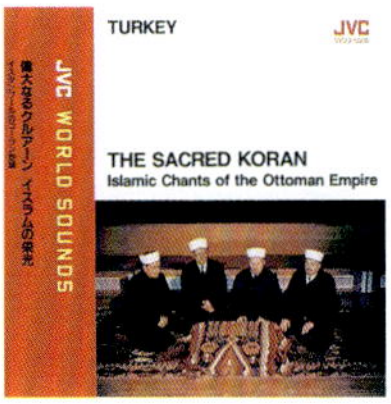

葦笛による、悲しげで霊的な旋律。

『スーフィーの神秘の笛／トルコ・メヴレヴィー旋回舞踊の音楽』

エルグネル・ブラザーズ　トルコ

13世紀、トルコで創設されたメヴレヴィー教団の宗教儀礼「セマー」は、白衣の修道僧たちがスカートの裾を広げながら旋回する独特の舞踊で有名だ。タンバリンが地を這うようなリズムを刻み、尺八によく似た音色の葦笛、ネイがどこまでも悲しげな旋律を吹く。あまりにも霊的なこの音楽、聴く者の自我を取り去ってくれるかも。

厳格な伝統のなか歌われる、迫力の男声詠唱。

『Sacred songs from Sanaa』

V/A　イエメン

アラビア半島南端の国イエメンの、山岳民族の因習と厳格なイスラムの伝統が残る首都サヌア。この地には、職業音楽家が極めて少ない。仏アラブ世界研究所が制作したこのCDには、サヌアの冠婚葬祭の場で唱えられる男声のみの詠唱「ナシュシャド」を収録。主唱者がコーランに基づく詩をコブシたっぷりに唱え、数名の復唱者が繰り返す。

ムスリムたちの日常

現地ムスリムの、知られざる日常に密着！

SAUDI ARABIA

サミル・モハマッド | Samir Mohammad 警備員

サウジ人の生活は、日に5回の礼拝とともに。

　サウジアラビア西部、メッカ州にある国内第2の都市ジッダ。聖地メッカへの中継地点として栄えており、毎年ハッジの時期には200万人を超える巡礼者で大賑わいとなる街だ。

　サミル・モハマッドは、この街で妻と息子の3人暮らしを営む、典型的なミドルクラス。彼ら家族の生活を通し、一般的なサウジアラビア（以下サウジ）人の毎日を垣間見てみよう。なお、宗教上の理由から妻は登場しない。

　国民全員がムスリムとされるサウジだから、人々の生活はイスラムの規範を前提に進んでいく。サミル家の場合も例外ではなく、一家の朝はファジュル（夜明け前の礼拝）から始まる。ファジュルは4時15分から5時30分までに終わらせないといけないため、親子3人とも4時には起床。ファジュルは、モスクで行うことの多い礼拝だ。サウジの人々は非常に敬虔で、少なくとも日に一度はモスクに行く。5度の礼拝すべてをモスクで行う人も少なくない。地の利を生かし、頻繁にメッカに行く人も。サミルも金曜礼拝の際には、車を飛ばしてメッカに駆けつける。

　ファジュルのあと朝食を済ませたら、妻子を残しサミルは職場へ向かう。自宅から車で30分弱の距離にあるオフィスに、毎日7時に

親子で並んで、サジュダと呼ばれる礼拝用マットに座ってアスル(午後の礼拝)を行う。息子のフィラズが使うのは、子ども用のサジュダ。使えるうちはお下がりで受け継がれる。

サミルと息子フィラズ。大好物のキュウリのサラダをガダ(ランチ)に。オレンジジュースとヨーグルトドリンクも食事には欠かさない。

サミルの家の近くにあるモスク。ほぼ毎日、欠かすことなく通う。独特の形状をしたミナレットが面白い。

鏡を見ながら、香水をつけるサミル。サウジアラビアでは、男性が香水をつけるのはごく普通の習慣だ。

親子の仲はとてもいい。ここに母の姿もあるのだが、宗教上の理由で家族以外の男性の前には出てこない。

子どもが食事用のビニールシートを敷くのは日常の光景だ。使うシートは使い捨てタイプのもの。

は到着する。ここでサミルは、メディア企業のゲートキーパーを担当。入り口を警備しながら、来客時に最初に対応する役どころだ。常時銃を携帯して職務にあたる。

やがて昼の礼拝、ズフルの時間がくる。勤務中でも、当然ながら礼拝を欠かすことはない。ランチは近所で買うこともあるが、たいていは自宅に戻ってとる。というのも、夏の午後は暑くて仕事にならないため、夕方まで自宅で休んで過ごすからだ。食事としては、羊、ヤギ、ラクダ、鶏などの肉類が多い。サウジ人はラクダのミルクをよく飲み、サミルも大好きだと言う。

自宅での休憩中にアスル（午後の礼拝）をし、17時からまた仕事に戻る。職場で仕事のかたわらマグリブ（日没の礼拝）を行い、20時すぎには帰宅。ちなみに、就業時間は夏と冬で変わる。冬は午後の休憩がないという。帰宅後にイシャー（夜の礼拝）をして、1日5回の礼拝が完了する。

モスクでの礼拝を済ませたあと、モスクのすぐ外にある露店にて靴の品定めをするサミル。その眼差しは真剣だ。フィラズが退屈そうに見つめる。こうした露店の存在は珍しくない。

帰宅後、冷蔵庫から出したオレンジジュースを息子のために入れるサミル。息子をとてもかわいがる。

モスクの外のフルーツ商人と値段の交渉中。男性はおやつとして露天商からフルーツを買い食いする。

サウジアラビアは車社会。国内では大都市に類するジッダだが地下鉄はなく、バスも便利ではない。

サウジアラビアのアブドゥッラー国王の肖像に口づけ。国王の人気は高く、その写真は多くの家庭にある。

勤務中のサミル。着ているのは職場の制服だ。自宅から車で約25分かけて、警備員を務めるオフィスへ。

サウジアラビアの伝統的な挨拶。握手をして、年少者が年上の人の頭にキスをする。同年代なら頬に。

休日も礼拝のサイクルはほぼ同じ。サミル家では、家族で買い物に出かけることが多い。サウジは基本的に車社会だが、運転できるのは男性のみ。女性が車で外出する際は必ず男性が付き添う。いったん外に出れば庇護の対象となる女性だが、一般的に家庭内では妻のほうが強いケースが大勢を占める。サミル家の場合もそのようだ。

そんなサミル夫妻の馴れ初めに目を向けると、サウジでは一般的なお見合い結婚であった。女性が守られた存在であり、学生生活からしてずっと男女が隔絶された状態で推移するため、異性同士が出会う機会は皆無に等しい。そのため、親や親類が結婚相手を決めるのだ。サミル夫妻も結婚前に一度会い、そのままゴールイン。互いのことは結婚後少しずつ知っていくしかないのだ。

それでも、3歳になったばかりの息子のフィラズを中心に一家は実に楽しそうで、取材中も笑顔が絶えることはなかった。

モスクに向かうサミル親子。ちなみに着用している服は日本円で5万円ほどする。祈りを捧げるときには、男性も身体全体を覆う衣服を着る必要がある。

メディア企業に警備員として勤めるサミル。ときには、友人である同僚と雑談することも。もちろん挨拶は、握手したのちの頬へのキスだ。なお勤務中は、職務柄もあって銃器を携帯している。

TURKEY

アイドゥン・ヤマン一家

Aydın Yaman 小売店経営

よきムスリムとしての生き方を子に伝える。

ヤマン一家。左からアイドゥンの妹アイヌール44歳、その娘アイリン10歳。アイドゥンの長女ベイザ20歳、妻アイシェ47歳、アイドゥン45歳、次女セヴデ19歳、長男アリフ25歳、その妻セダ25歳。アリフとセダは最近、近くのマンションに新居を構えたばかりの新婚ほやほや。アイヌールの家族も近くに住んでいてよく遊びに来る。親戚づきあいは密で、手作りの料理や菓子をもって頻繁に行き来している。

喧騒と混沌のイスタンブールは、人口の急増に対処するためここ10年ほど建築ラッシュが続き、いわゆるベッドタウンが次々に出現している。アイドゥン・ヤマン一家が暮らすのも、中心部から快速バスで30分ほどのところにあるそんな新興住宅街だ。

家長のアイドゥン（45歳）は、住宅の水回りの部品を扱う小売店を経営している。妻のアイシェ（47歳）は、アイドゥンの母の兄の娘、つまり従姉にあたる。アイドゥンが高校を卒業した後、19歳のときにアイシェに紹介され、互いに気に入ってすぐに結婚したのだという。長男アリフ（25歳）、長女ベイザ（20歳）、次女セヴデ（19歳）と3人の子どもに恵まれた。

敬虔なムスリムの家庭に育ったアイドゥン

右：アイドゥンが大切にしているコーランは、もちろんトルコ語ではなくアラビア語。アラビア語自体はわからないが発音はでき、また書かれている内容はよく把握している。左：5年前に夫婦でメッカへ巡礼に行った際、記念に購入した時計。文字盤に書かれたアラビア語の数字が珍しく、気に入っている。巡礼は、チャンスがあればまた行きたいと話す。

家の近くのモスクへ礼拝に行ったアイドゥン。このモスクはまだ新しく、内装は明るい。イマーム（宗教的指導者）の講話を聞いた後、みんなで揃って礼拝した。

は、幼い頃から祖父に連れられてモスクへ礼拝に行き、コーラン学校に通った。彼にとってムスリムであることは体内に流れる血のように不可欠で当たり前のことだ。1日5回の礼拝はなるべく欠かさないようにしているし、「断食」も「喜捨」も毎年励行、2007年には妻と一緒に念願のメッカ巡礼を果たした。イスラムの「五行」をきちんと果たしているのだ。

「断食や1日5回の礼拝は大変じゃないかって？　とんでもない。借金を返したら誰だって気持ちが楽になるだろう？　それと同じだよ。神に対する借り、義務を果たす行為なんだ。やればやるほど満たされた気分になるよ」

信仰心の篤いアイドゥンにとってイスラムの教えとは、困っている隣人に手を差し伸べ、思想信条の異なる人を疎外せずに受け入れる、そういった生き方の指標であり、拠りどころだ。子どもたちをコーラン学校に通わせ、ムスリムとしての生き方やあるべき姿について説いた書物を休日に、家族全員に読んで聞かせてもきた。

長女ベイザは建築を学ぶ大学1年生。化学を専攻していたが建築家になる夢をあきらめきれず2年で退学、いまの大学に入り直した。服のデザイン画を描くのが好きで、自分の服をデザインして仕立ててもらうことも多い。この日の服も自分でデザインしたそうだ。

次女セヴデは、歯科技工士を目指す大学2年生。物静かな姉とは対照的に外向的で、家でじっとしているのは苦手だ。母とスポーツクラブに通ったり、父とテニスをしたり、余暇は友人とショッピングやおしゃべりをして過ごす。

外見も性格もあまり似ていない姉妹だが仲はとてもいい。気になるのは、姉はスカーフを被っているが妹は被っていないこと。スカーフの着用について口論することはないのだろうか?

「イスラムの教えではスカーフを被るのがルールだけど、強制されてやるものではないわ。私は高校を出て以来被っているけれど、そのほうが気持ちが落ち着くの」とベイザ。

「スカーフを被ることに反対とか、主義主張があって、というわけじゃないの。ただ私はこのほうがいいの。なんとなくね」とセヴデ。

母親のアイシェの考えはこうだ。

「もちろん被るべきだと思いますよ。でも無理強いはしません。時期が来れば被る気になるでしょう」

青春を謳歌する娘たちを嬉しそうに目を細めて眺める一方で、アイドゥンには危惧していることもある。近代化、欧米化の波にさらされ若者がテクノロジーに心を奪われている昨今、イスラムの教えがないがしろにされつつあるのではないか、ということだ。子どもたちには、自分が親から学んだように、よきムスリムであるために必要なことは伝えてきたと思っているが、どのように実践するかは本人しだい、と距離を置いて見守ることにし

左：姉のベイザは建築を勉強中。課題の設計図を見せてくれた。右：妹のセヴデは運動が大好き。時々、父とテニスを楽しむ。最近は腕を上げ父親を負かすことも。

モスクの帰りに近くのスーパーの店先で新聞を選ぶアイドゥン。トルコには新聞配達のシステムはない。休日はゆっくり目を通す時間があるので3、4紙は買う。

地元で週に2回開かれる青空市場。新鮮な野菜や魚から日用品まで揃うので、週末に夫妻で買い出しに行く。子どもたちはショッピングセンターのほうがいいらしく市場には来ない。

新鮮な食材をふんだんに使ったアイシェの手料理。左：そぎ切りにしたニンジンをヨーグルトで和えたサラダ。右：挽き肉に、薄く切ったナスをかぶせてオーブンで焼いたメイン料理。

久しぶりに家族が勢揃いした日曜日の午餐、ご馳走がテーブルにところ狭しと並べられた。大勢で食卓を囲めば食事はより美味しく、楽しくなる。アイドゥンはことのほか嬉しそうだ。

ている。

以前は親戚を訪ねるなど家族５人揃って過ごしてきたが、子どもが成長するにつれ別々に過ごす時間が多くなってきた。長男のアリフはすでに結婚し、娘２人の巣立ちの時をこれから迎えるヤマン一家。子どもたちがそれぞれ職業に就き、ムスリムの名に恥じない立派な人間として生きること。それがヤマン夫妻の願いだ。

（細川直子）

室内に飾られていた預言者ムハンマドについて書かれているという書画。アラビア文字と色合いが美しい。

料理が得意なアイシェ(右)は「だからこんな体形になっちゃったわ」と笑う。「今日のご馳走は？」と尋ねる娘に「いつになったら楽をさせてもらえるかしら」と言うが、キッチンを明け渡す気はなさそうだ。

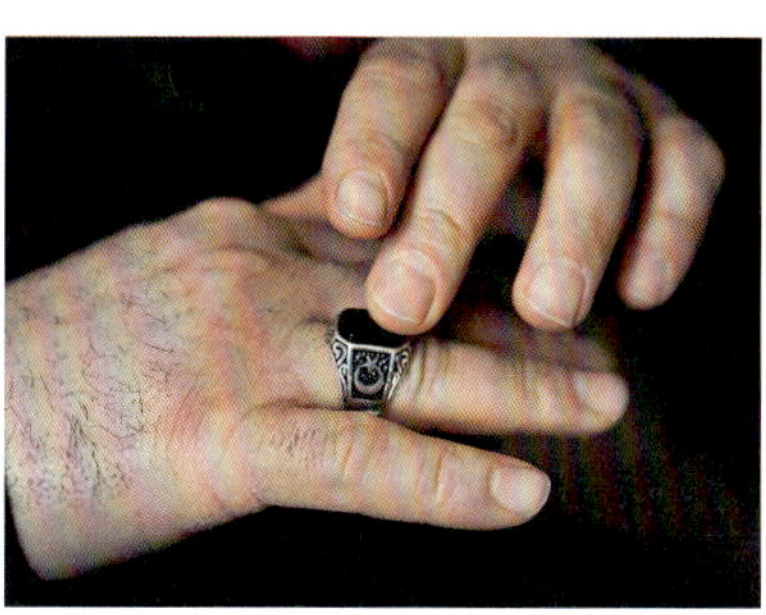

トルコの国旗がデザインされたアイドゥンのお気に入りの指輪。黒い石は体内の悪い磁気を吸い取る力があるのだとか。

客人が訪れると娘がトルココーヒーを淹れてもてなすのがトルコの伝統風習。上手に淹れるのは娘のたしなみのひとつだ。

PAKISTAN

自由な空気に満ちた古都の、温かな家族像。

マリク・ショーカット・アリー・ハーン一家

| Malik Shaukat Ali Khan ラホール高等裁判所 裁判官 |

パキスタンの首都イスラマバードから南下すること約600㎞。パンジャーブ州の州都ラホールは、ムガル朝の遺跡が残り、栄華が偲ばれる街だ。17世紀に建造されたバードシャーヒー・モスク（2〜3・49ページ）は、いまも大切な祈りの場である。

そんな古都ラホールに暮らすショーカット一家は、裁判官のマリク・ショーカット・アリー・ハーン（44歳）を家長とする仲良し5人家族。一見、厳しそうなマリクだが、医大生の長女、20歳のザリーンが喜んで一緒にドライブに行くというほど、年頃の娘からも慕われる優しい父親だ。

ショーカット一家を切り盛りするのは妻ザーヒダ。8歳の次女スーフィヤ、6歳の長男ザファルの子育てはもちろん、夫の出勤前のスーツ姿もザーヒダがチェック。メイドがいるが料理はザーヒダが作る。得意料理はオクラのカレー。一方、買い物は夫のマリクの係。妻のメモを手に市場へ。気温が43度まで上がったこの日はスイカとマンゴーを購入。身体を冷やす果物は欠かせない。

家族との時間の過ごし方を、マリクに尋ねてみた。

「週末の夜、丘を散歩したり、映画を観に行ったり。映画は最大の娯楽のひとつです。夏は避暑地にも行きます」

暑さが落ち着く夕方から、家族や友達とショッピングや食事に出かけるのが一般的だという。この日は家族揃って、モスクのライトアップを眺めながら食事ができるレストランへ赴いた。

軍人家系のショーカット家、祖先の写真とともに。左から長女ザリーン・ハーン20歳、長男ザファル・アフマド6歳、マリク・ショーカット・アリー・ハーン44歳、次女スーフィヤ・ハーン8歳、妻ザーヒダ・ショーカット38歳。

マリクはラホール高等裁判所の裁判官。裕福な家でメイドもいるが、これは貧しい家の女児を預かり教育の機会を与えるためでもある。

取材では、朝から夕食までに密着したが、その間、妻のザーヒダは家事を中断しながら、1日5回のお祈りをした。一方、夫のマリクはお祈りをしない。お祈りはしないけれども、敬虔なムスリム、心はムスリムだという。都市部では、仕事が忙しいなどの理由でモスクへ行かないムスリムも珍しくなくなった。ラホールという街が、自由な雰囲気に満ちているからか、女性はドゥパッタ（ショール）を肩にかけて髪を露わにしている人が少なくない。

読書好きの両親の子どもだからか、よく勉強する。次女スーフィヤの将来の夢は学校の先生。長男ザファルは飼っているヤギに夢中。

　こうした新しい風潮は、マリク夫婦の馴れ初めからもうかがえた。パキスタンでの結婚は、親戚縁者が決めるお見合いが通例だが、マリクはラホール美術大学に通っていたザーヒダに、一目惚れしたのだという。

「夫は私の両親に、結婚させてくれなかったら死にますって言ったのよ（笑）。パキスタンでは結婚は両家の合意で成立するものなので、お見合いの体裁は整えて結婚したの」

　最後にマリクは、こんな夢も語ってくれた。

「この国が巻き込まれた国際政治上の混乱から解き放たれることを願う。どの部族、宗教の人も平等に。そして100％の人が読み書きできる。そんな日を心待ちにしている」

　美しい古都で暮らすショーカット一家。パキスタンの温かく新しい家族の素顔を見せてくれた。

カラチで医学を学んでいる長女ザリーンが休暇で帰省していたので、この日は子ども3人を連れて市場へ買い物に。ゴーヤを吟味するマリク。

「パキスタンのカレーにはイタリア料理に負けないくらいの量のトマトを使うのよ」とザーヒダ。昼食に、3種のカレーを手際よく調理。

次女スーフィヤと長男ザファルが通う小学校の制服姿。女の子の制服はドゥパッタが付いている。通学鞄はキャリーバッグが人気だ。

ザーヒダの得意料理「ビンディー・カレー(オクラのカレー)」。朝食のパンやチャパティから、一日の食事はすべてザーヒダが手作りする。

現代アメリカを牽引する、3人のムスリム

CALIFORNIA

スヘイブ・ウェッブ ｜ Suhaib Webb　バーチャル・モスク「SuhaibWebb.com」主宰

若者たちを教え導く、元ギャングのイマーム

●1972年、オクラホマ州出身。本名はウィリアム。バーチャル・モスク「SuhaibWebb.com」は、宗教的なコンテンツだけでなく、親しみやすい内容もブログ形式で掲載。

「Takin' it to the Streets」は、アメリカン・ムスリムのウッドストックともいわれる音楽&カルチャー・フェスティバルだ。そのなかでひときわ目立つ、がっしりした体躯にローブをまとった白人イマーム（宗教的指導者）がいた。多くの若者が慕うこの男こそ、9・11以降のアメリカン・ムスリムのリーダーのひとり、スヘイブ・ウェッブだ。

「いまアメリカに住むムスリムに必要なのは、『アメリカン・ムスリム』としてのアイデンティティなんだ」とウェッブは言う。彼が主宰するバーチャル・モスク「SuhaibWebb.com」には、コーランの解説から、外交、社会問題、恋愛カウンセリングのコンテンツまである。間口が広いのは、アクセシビリティを何よりも重視するためだ。

ウェッブはプロテスタントの家庭に育った。10代でヒップホップDJを始め、地元のギャングにも所属。大学時代はパーティやドラッグに明け暮れた。だが、フリーマーケットで手にしたイスラム教の小冊子に興味をもち、1992年に改宗。エジプトの名門、アル・アザール大学に留学し、アラビア語をほぼ完壁に習得した。コーラン全書も暗記し、深い神学的理解が窺える。

「イスラムがアメリカの一部となるには、国

オフィスでのスヘイブ・ウェッブ。背後には、プロボクサー、社会運動家として活躍したムスリム、モハメド・アリの肖像を飾っている。「尊敬するのは宗教リーダーのワリス・モハメド、MCライトにパブリック・エナミーかな」と、社会的なメッセージ性の強い初期のヒップホップ・アーティストの名も挙げてくれた。

オフィスのある、サンノゼのMCA（ムスリム・コミュニティ・アソシエーション）。

MCAの売店では書籍だけでなく、ブルカなども。聴講者には女性も多い。

の伝統や文化背景、時にはキリスト教に根づく習慣との共存が重要だ。若者が学びたいと思うイスラムの教義を伝え、次世代の教育者を育てることでコミュニティに貢献したい」

ストリート・カルチャーに浸かっていた彼だからこそ、若者との対話にも説得力がある。「Hey, man」「dude」など、呼びかけもスラングが多い。だが会話の底には、イマームとしての知識とイスラム文化への畏敬の念が流れる。

「自分がイマームでないときはないけれど、子どものためにはトイザらスでおもちゃを買い、友達とゲームもする。アメリカ的習慣やアイデンティティを維持しながら、イスラムの価値観を貫く。その基本概念はコーランにも書かれているんだ。イスラム教にはアメリカが喪失しているもの、たとえば家族との絆や親への尊敬があり、礼拝することで信仰心と対面できる。厳しいアメリカ社会では、その教えに癒しを覚えることもあるんだ」

音楽＆カルチャー・フェス「Takin' it to the Streets」で、ムスリムと話すウェッブ。2010年初めて開催、多くの米国人ムスリムが参加。

講義や説教の模様は動画配信も行う。英語圏からだけでも1日1万アクセス。

●ミシガン州生まれ、31歳。弁護士資格を取得後、映画監督に。代表作に人種問題を考える『1Nation 2Worlds』。オバマ大統領を題材にした作品も。www.qasimbasir.com

N.Y.

コジム・〝Q〟・バジアー

アメリカの新たな人種問題を、映画で語る。

Qasim "Q" Basir 映画監督

コジム・〝Q〟・バジアーが撮った一本の映画に注目が集まっている。タイトルは『MOOZ《ムーズ》-LUM《ラム》』。現代のアメリカで生きる、ひとりのムスリムの成長を描いた作品だ。バジアーはこの作品についての講演などで各地を忙しく飛び回っている。国連からは、差別の問題を考えるためにこの映画を上映したいというオファーも受けた。

『MOOZ-LUM』はムスリムの少年が主人公だ。両親は厳格なムスリムで、息子に厳しくイスラムの教えを守るように強いる。同世代の子どもたちからはからかわれ、カトリックの少女との淡い恋は反対された。

大学生になっても葛藤は増すばかり。ムスリムのルームメイトとの仲はうまくいかず、自分の宗教に誇りがもてないでいた。そして、アメリカ同時多発テロが発生。ムスリムに対するヘイトクライム（憎悪犯罪）が始まった。嫌がらせから妹や友達を守るうち、彼はムスリムであることを見つめ直すようになる――。

このストーリーは、敬虔なムスリムの両親に育てられた、バジアーの自伝的要素が色濃く含まれている。彼自身、イスラムに反発し、悩んだ時期があった。また9・11以降はムスリムに対するヘイトクライムで、ひどい差別を受けた。バジアーは、言う。

「いま、ムスリムは〝新しいブラック〟だと言われている。新たな差別が始まったんだ。それじゃいけない。人間の血はみんな赤い。僕らは同じ人間で、みんな受け入れられるべきなんだ」

尊敬するムスリムとしてマルコムXを挙げたバジアー。「リスクを負い何もかも失う覚悟で彼は世界を変えた」

『MOOZ-LUM』

監督／コジム・"Q"・バジアー
出演／ダニー・グローバー、エヴァン・ロスほか
2010年　アメリカ映画　1時間35分
http://moozlumthemovie.com

アメリカにおけるムスリム青年の葛藤と成長を描く。ダイアナ・ロスの息子エヴァン・ロスがムスリムの主人公を好演。米国外からも高評価。

ではいま、バジアーにとって、イスラムとは何なのだろうか。

「父も母もムスリムで、自分もムスリムだ。ただ僕が信じているのは、言葉だけの〝イスラム〟ではない。大切なのは、神と自分の心なんだ」

本作の5分間バージョンが短編映画コンテストで優勝し、製作にこぎつけた。審査員を務めた名優ダニー・グローバーも出演している。

宗教の表層的な部分にとらわれるのではなく、神と自分の心を信じること——そう教えてくれたのは、高校時代に出会った、非ムスリムのフットボールの先生だったと彼は語る。

「派手な映画には興味がないし、売れるためだけに映画をつくりたくないんだ。自分の心のメッセージを伝える映画しかつくらない。いつかは世界を変えるような映画を撮りたいと思う」

16歳の頃から映画を撮り続けてきたが、映画監督になると決意したのは、２００２年に生死の境をさまようほどの大事故に見舞われたことがきっかけだ。

「弁護士になる勉強をしていたんだけれど、死を身近に感じて人生が変わった。自分のコアになるものを表現する映画を撮らなくては、と気付いた」

神と自分の心を信じて、バジアーは次作を構想中だ。

●サウジアラビア生まれ。生後すぐ一家で渡米。ドリュー大学、コロンビア大学で政治経済を学ぶ。2008年ムスリムのライフスタイル誌『エラン』創刊、後にオンラインに移行。

N.Y.

ムスリム向けの情報を、雑誌から発信。

モニザ・コーカー
Moniza Khokharr ウェブマガジン『エラン』編集長

その日、モニザ・コーカーはあでやかなスカーフをふわりとまとい、私たちの前に現れた。彼女はムスリムに向けたウェブマガジン『エラン』の編集長。『エラン』について、こう説明する。

「ムスリムの人のカルチャーやライフスタイルを普通の雑誌と同じような感覚で紹介しています。宗教や政治の雑誌ではないの。読者層は22〜45歳。ジャーナリストやミュージシャンたちが読んでくれているわ」

取り扱うジャンルは、ファッション、アート、旅、セレブリティなど、一般的な雑誌と変わらない。違いは、ドバイのベストドレッサー賞やイスラム圏のミュージシャンなど、ムスリムにとって関心の高いテーマがセレクトされている点だ。コーカーによれば、現代のムスリムは子どもの教育に熱心で、弁護士や銀行員になるなど学歴が高い人も少なくない。ラグジュアリーなブランドも好きだから、広告主にとってもいいターゲットなのだという。

現代的なムスリムでありたいという彼女は、ファッションにも敏感だ。スカーフでヘアスタイルを覆ってしまうことはしない。だが肌を見せないファッションを、いつも心がけている。

「両親がムスリムだったので、イスラムは自然なことでした。母は私をイスラムの学校に通わせてくれて、コーランを読んでくれたわ。男の子と気軽に話してはいけない、と言われて、なぜだかわからず厳しいと思うこともあった。けれども少しずつ学んでいったの」

忙しいながら毎日時間を見つけて、彼女は

1日5回の礼拝もする。短いメディテーションを1日5回することによって精神的にも落ち着くという。

『エラン』は、「ムスリムとモバイル」「デザインホテル」など現代的な視点で多彩なトピックを取り上げている。http://elanthemag.com

2008年の『エラン』創刊時、熱く語るコーカー。現在はウェブで展開、3万人の読者がいる。

「イスラムは私の支えです。ムスリムは、正直で、常にコミュニティのことを考えている。9・11の後、ネガティブな誤解を受けて悲しかった。イスラム教は愛すべき信仰なのに」

学生時代、新聞や雑誌に寄稿したムスリムの記事に毎回大きな反響があったことに着目。イスラムという宗教をベースにした雑誌が求められていると思った、とコーカーは語る。いまは世界中の読者に向けて発信するために紙媒体からウェブへと移行、フェイスブックやツイッターで読者とコミュニケーションをとりながら、『エラン』をつくり上げている。制作には、さまざまな宗教の人も携わっているという。

「私はイスラムが大好きなの、このウェブマガジンは画期的で、やりがいがあるわ」

誇らしげにそう話すコーカー。イスラムをガイドラインとしたメディアのさらなる可能性を彼女は信じ、手ごたえも感じているのだ。

ムスリムを理由にいじめられたことはなかったと振り返るコーカー。自然体で雑誌づくりを楽しんでいる。

イスラムの意匠が施された名刺入れを愛用。「弟がトルコで買ってきてくれて、大切にしています」

時とともに変化、模索する女性のあり方。はたして、コーランにはどのように書かれているか。

「すべての真理はコーランにある」とは、ムスリムの多くが好んで使う表現である。コーランの章句は、一字一句にいたるまで神に由来すると信じられており、その中に示されている事柄は、神の定めと理解されている。

ただし、ある章句を実際にどう解釈し、そこにどのような「神の定め」を読み取るのかは、人や集団によって異なる場合がある。

たとえば、コーラン4章34節には「男は女のカッワームである」という一文がある。このカッワームという語をどういう意味で捉え、文全体をどう理解するのか。神は男性を女性の上に立つべき指導者としたのか、女性の行動を管理すべき監督者としたのか、あるいは女性を扶養・保護する者としたのか――によって、「神の定め」たる男女の関係性は変わってくる。

9世紀以来著されてきたコーラン注釈書やイスラム法学書をひもとくと、女性は長い間、男性よりも劣るものとして、男性の指導や管理のもと、従順に生きるべきと考えられてきたことがわかる。

コーランの章句やハディース（ムハンマドの言行に関する伝承）を根拠に、女性は男性の「肋骨の一本」から創られ、男性に比べて身体能力や知性、信仰心が乏しいと言われてきた。

そのため、物事の善悪を判断することがで

きず、一時の欲望や感情にとらわれて行動する。そこで神は、結婚や離婚など重要事に関する決定権を男性の手に委ねた。また、女性が社会秩序を脅かすような装いや振る舞いをしないよう、男性が家族内の女性を厳重に管理することを命じた——などと言われた。

多くのムスリムが共感する、神の前に男女は同等。

こうした女性観や男女関係のあり方に変化の兆しが見えたのは、19世紀、近代化を目指した中東諸国で女性の地位や役割が見直された後のことである。コーランの章句やハディースの新しい解釈が提示され始めた。

たとえば本来、男女は「一つの魂」から創造されたもので、同等な価値を持つ。両者は魂の片われを見つけることで、安心して家庭を築き、その中で各々の役割を果たす。

女性の役割は子を生み育てることで、そのために女性は情緒面や感情面が発達。男性の役割は女性がその務めを果たせるよう、彼女を守り、必要な物を与えることである。神が男性に身体の頑強さや自制心、思考力を与えたのはそのためである——と。

男性優位の主張が繰り返される一方で、神の前に男女は同等であるという主張は、近年、より多くのムスリム男女の共感を得ているようである。

（後藤絵美）

4章1節

人間どもよ、汝らの主を畏れまつれ。
汝らをただひとりの者から創り出し、
その一部から配偶者を創り出し、
この両人から無数の男と女とを（地上に）
播き散らし給うたお方に
ましますぞ。（以下、略）

これは人間の創造に関する章句である。「（ただひとりの）者」にあたるナフスというアラビア語には、人や者の他にも、魂や生命、本質などの意味がある。この章句が長らく「ただひとりの者から」と理解されてきたのは、神が最初の人間（アダム）の肋骨の一本を取ってその配偶者（イブ）を創造したという、旧約聖書の創世記にある逸話がムスリムの間でも言い伝えられてきたから。ただし近代以降、この解釈を疑問視する声が上がり、近年では「ただひとつの魂から」という解釈も広く受け入れられている。

4章3節

もし汝ら（自分だけでは）
孤児《みなしご》に公正にして
やれそうもないと思ったら、
誰か気に入った女をめとるがよい、
二人なり、三人なり、四人なり。
だがもし（妻が多くては）
公平にできないようならば
一人だけにしておくか、
さもなくばお前たちの
右手が所有しているものだけで
我慢しておけ。（以下、略）

一夫多妻婚を許容する根拠とされる章句。19世紀、この慣習が西洋の知識人層から「女性抑圧」や「後進性の象徴」として非難されると、ムスリム知識人らの間でこの章句を再解釈しようとする動きが起こった。

後半に、複数の妻を公平に扱えないのならば1人だけにしておくか、奴隷女性で我慢するようにという一文があることや、4章129節に、複数の妻を公平に扱うことなど不可能であるという章句があることから、20世紀以降には、一夫多妻婚を制限したり禁止したりする国家が増加した。

離婚に関する章句。最初の一文を根拠に、長らくムスリム男性は、妻の在不在や落ち度にかかわらず、離婚の意思を口にするだけで女性を離縁することができ、二度まで復縁できることになっていた。また、女性からの離婚（夫の同意のない離婚）は、特別な理由がない限り認められないというのが一般的な理解だった。

20世紀に入ってこの章句の解釈が見直される中で、男性からの離婚の成立に登記所への届け出や妻への通知など一定の手続きを課したり、後半の「両人がとうていアッラーの掟を守って行けそうにない場合は、女の方で自分の身を贖い取っても別に両人の落度とはならない」という部分の再解釈によって、女性が婚資や離婚後の扶養費を放棄すれば、夫の同意や正当な理由がなくとも女性の側から離婚できると規定する国家も現れた。

2章229節

女を離縁（してまた復縁できる）のは二回まで。
すなわち（二回までは）、
正当な手続きをふんでまた自分のもとに戻すか、
さもなければねんごろにいたわって
自由の身にしてやることができる。
以前に与えた物は、一つだに取り上げたりしてはならない。
尤も両名のものがアッラーの定め給うた掟を守って行けそうもないと
心配する場合には別だが。もしそういう心配が起って、
両人がとうていアッラーの掟を守って行けそうにない場合は、
女の方で自分の身を贖い取っても（つまり、以前に男が結婚の贈物として
女に与えておいたものを、女の方から男に返して、その代わり自分を
完全に自由な身にして貰っても）別に両人の落度とはならない。（以下、略）

4章34節

アッラーはもともと男と（女）との間には
優劣をおつけになったのだし、
また（生活に必要な）金は男が出すのだから、
この点で男の方が女の上に立つべきもの。
だから貞淑な女は（男にたいして）ひたすら従順に、
またアッラーが大切に守って下さる（夫婦間の）
秘めごとを他人に知られぬよう
そっと守ることが肝要。（以下、略）

最初の一文は直訳すると「男は女のカッワームである。それはアッラーが一方を他方よりもファッダラしたからであり、彼らが財産を費やすからである」となる。カッワームとは、指導者や監督者、扶養者、保護者などを意味する言葉で、ファッダラには、他より好む、上に位置づける、適当と見なすなどの意味がある。

カッワームを指導者や監督者と、ファッダラを上に位置づけると解釈したのが右の訳文である。近代以降、カッワームとは、家族を扶養し、保護する者であり、ファッダラとは、カッワームとなるよう神が男性に与えた特性や経験である、という理解も広がっている。

女性の従順さに関する後半の一文も、それが誰に対する従順さか（男性か、夫か、あるいは神か）をめぐって、近年解釈が多様化している。

24章31節

それから女の信仰者にも言っておやり、
慎しみぶかく目を下げて、
陰部は大事に守っておき、
外部《おもて》に出ている部分はしかたがないが、
そのほかの美しいところは
人に見せぬよう。
胸には蔽いをかぶせるよう。（以下、略）

女性のヴェール着用の根拠とされる章句。同章句の直前（24章30節）には、男性信仰者に対して「慎しみぶかく目を下げて（女をじろじろ眺めない）、陰部は大事に守っておくよう（不倫な関係に使わぬよう）」にという指示がある。章句後半の「外部に出ている部分」や「美しいところ」という言葉は、イスラムの初期時代以来、さまざまな意味で解釈されてきた。例えば、「外部に出ている部分」とは「衣服である」「顔と手である」「慣習と自然の摂理によって外に見えているものである」などと言われた。結果として、ムスリム女性が覆うべき身体部分は、社会集団や国家、あるいは個々人の判断によって変化してきた。

33章59節

これ、預言者、お前の妻たちにも、
娘たちにも、また一般信徒の女たちにも、
（人前に出る時は）必ず長衣で（頭から足まで）
すっぽり体を包みこんで行くよう申しつけよ。
こうすれば、誰だかすぐわかって、
しかも害《あだ》されずにすむ。
まことに、アッラーは気のやさしい、
慈悲ぶかいお方。

これも女性のヴェール着用の根拠とされる章句である。ある伝承によると、預言者ムハンマドのいたメディナでは、愚かな男たちが道行く奴隷女性の邪魔をすることがあり、預言者の妻や娘、そしてその他の自由女性も、奴隷女性と間違えられて嫌がらせをされることがあった。そこで神は女性に対して（奴隷女性ではないことがわかるように）ジルバーブと呼ばれる長衣で「体を包みこんで」出歩くように命じたという。

この章句について、「現代では奴隷女性はいないのでこの命令はもはや消滅している」と主張する者もいれば、「奴隷女性とは慎しみのない女性のことであり、ムスリム女性は自分が彼女らとは異なることを服装によって示さなければならない」と主張する者もいる。また、イスラムの初期時代の伝承に、「女性たちはジルバーブを頭から被り、顔を覆い、片目を出した」というものがあることから、この章句を根拠に、女性に顔覆いの着用を求めるケースも。

●コーランの章句は岩波文庫「コーラン」（井筒俊彦訳）より抜粋、章節番号は「標準エジプト版」に準じています。

ヴェールのまとい方もさまざま、世界のムスリム女性。

女性のヴェール着用という慣習はイスラム以前から、中東地域や地中海沿岸地域で見られたものである。

7世紀前半に預言者ムハンマドを介して下されたというコーランには、ヴェールに関わるいくつかの章句が含まれていた。ムスリム女性を嫌がらせから守るために、その他の女性と見分けがつくような「ジルバーブ」と呼ばれる衣服の着用を命じた33章59節や、男性信仰者に対して預言者の妻たちとの間に「ヒジャーブ」（帳《とばり》）を介するようにと命じた33章53節、男女の信仰者に慎み深く行動し、とくに女性は美しい部分を覆い隠し、胸に「ヒマール」と呼ばれる覆いをかけるよう命じた24章30、31節などである（前項参照）。

これらの章句の存在によって、ヴェール着用は、イスラムの広がりとともに各地の女性の間に広がっていったと考えられる。ただし、コーランの章句や、それを理解するための手がかりとされてきたハディースを見た限りでは、たとえば、ジルバーブやヒジャーブ、ヒマールというのがどのようなもので、それによって女性は身体のどの部分を覆うべきだったのかは必ずしも明確ではない。

そこで、そうした詳細は、後世の人々の解釈や判断に委ねられることになった。時代や地域、個々人によって、ムスリム女性の衣服の形やそれで覆われる身体範囲が異なってきたのは、ひとつにそうした理由による。

20世紀、近代化を目指した中東諸国内外の取り組みの中で、それまで顔を含む全身を覆っていたムスリム女性の多くが顔を露《あらわ》にするようになった。やがて、伝統的なワンピースを西洋式のものに替え、頭髪や身体を覆うヴエールさえまとわずに出歩く女性の姿も見られるようになった。１９５０年代までには、ヴェールは保守的な地域や階層のものとなっていた。

見直され始めた、ヴェールの意味や役割。

ところが70年代になって、ここに別の流れが加わった。イスラム復興運動の中で、ヴェールの意味や役割が見直されたのである。

女性の社会参加が進み、学校や職場、公共交通機関などで男女が接触する機会が増えている現代にこそ、女性がムスリムであることを周囲に知らしめ、また、その美しさを覆い隠し、男性の注意をひかないようヴェールを着用しなければならない——。そうした主張が、中東だけでなく、東南アジアや欧米など、世界各地のムスリムの間で聞かれ始めた。

そこで現れたのがイスラム服（イスラムの道に適った服）や前出のコーランの語彙を取ってヒジャーブと名付けられた新しい装いだ。その形は多様で、着用する動機もひとつではない。国家や社会の制裁を避けてしぶしぶまとう者もいれば、それを着用することで何かと得をすると考える者もいる。あるいは、その着用こそ神の命であると信じる者もいる。

いずれにしても、ヴェール姿のムスリム女性は、世界各地で増加傾向にある。

（後藤絵美）

← イラン、テヘランの女性。1979年のイスラム革命以降、イランでは、国内のすべての女性が、外出時に顔と両手を除いて全身を覆うヒジャーブの着用が義務づけられた。コートとスカーフという装いの女性もいれば、写真のようにチャードルと呼ばれる黒い半円形の一枚布をまとう女性もいる。

↓ シンガポールのふたりの女性。マレー系のムスリムが多いシンガポールのイスラム服は、マレーの伝統的なチュニック式の上着(バジュ・クロン)とロングスカート(サロン)、スカーフという形が主流である。中東ではあまり見かけない色鮮やかで派手な模様のものや、刺繍に意匠を凝らしたものなどが多く見られる。

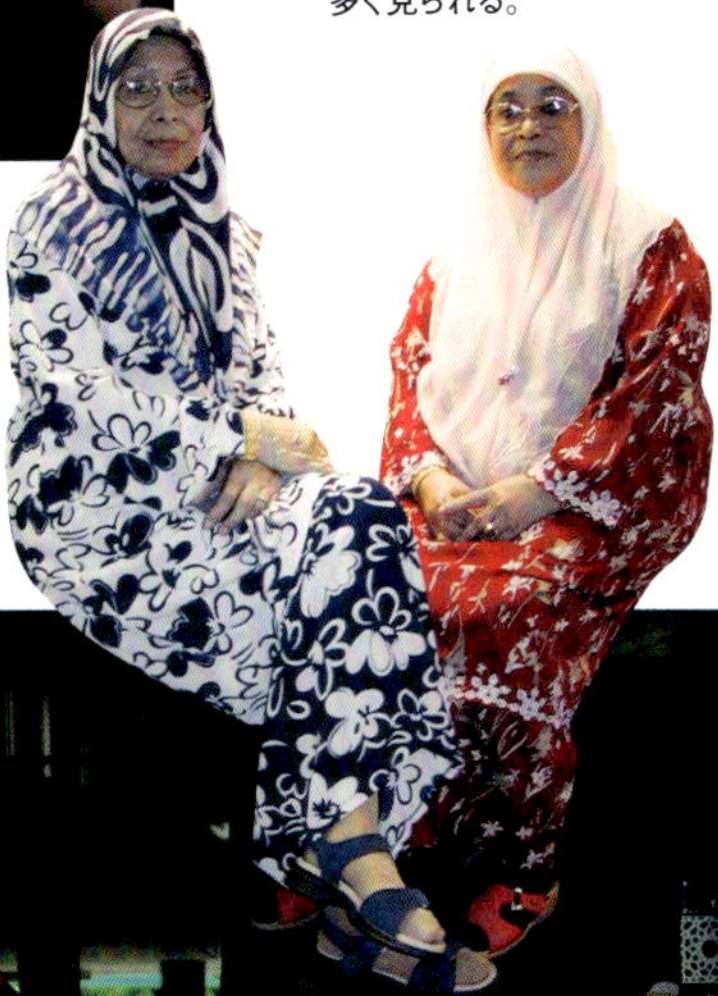

↓ マレーシア、ペナンの女性。マレーシアでは、モスクや家で行う日々の礼拝の際に、顔を除く上半身全体を覆う上着とロングスカートからなるテレクンと呼ばれるものを着用する。多くは白地で、刺繍などが入っており、礼拝の動きで着崩れしないように、頭部の布を固定するためのゴムや紐がついている。

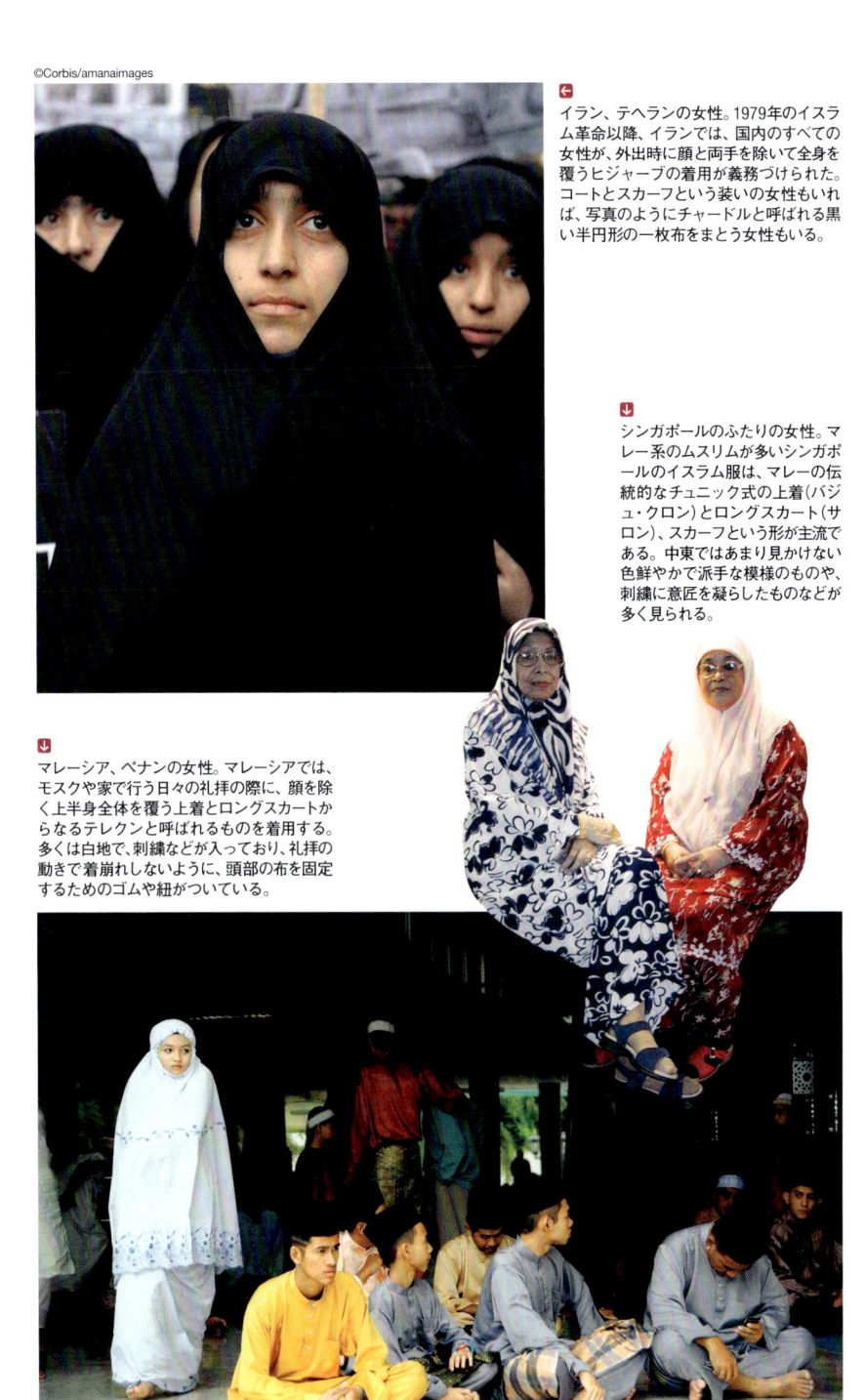

モロッコ南部、タルーダントの女性。モロッコでは現在でも、年配層や地方出身者の女性の間で、伝統的なヴェールの着用が一般的である。写真はタメルハフトと呼ばれる黒い一枚布のヴェール。身長の何倍もある布を体に巻きつけるようにしてまとう。顔の下半分を覆うのはレタームと呼ばれる顔覆い。

エジプト、カイロの女子大生。1970年代以降、エジプトでは、ヒジャーブ着用を選択する女性の数が増えるにつれて、そのスタイルのバリエーションも豊かになっていった。頭から足先まで、全身黒ずくめの女性から、衣服やスカーフ、小物などに工夫を凝らし、お洒落を楽しむ女性までさまざまである。

アフガニスタン、カーブルの女性。青いヴェールはチャードリーと呼ばれるもの。目の部分も網目状の布で覆われている。その着用は一時廃れたが、90年代にムジャヒッディーンや続くタリバン政権によって強制された。現在でも慣習や安全上の理由からこれをまとう女性は多い。中央はチャードルと呼ばれるヴェール。

©Corbis/amanaimages

イギリス、ロンドンの女性。2011年のロイヤルウェディングを祝うために、ウィリアム王子とキャサリン妃の写真がプリントされたTシャツを着て、頭にスカーフを巻く。イギリスやフランス、ドイツなどヨーロッパ諸国には、出身地や世代、考え方の違いなどから、さまざまな形のイスラム服を着用する女性がいる。

パキスタン、ハイデラバードの女性。多くは伝統服であるシャルワール・カミース(チュニック型の上着とズボン)を着て頭部にスカーフを巻いている。パキスタンには他にも、アフガニスタンのチャードリーと類似したブルカを着用する女性や、湾岸諸国と同じく黒い外套と顔覆いという装いの女性もいる。

©Corbis/amanaimages

エジプト、カイロの女子大生。2000年代、エジプトではヒジャーブが若い女性の間で流行ファッションとなった。ワンピースやチュニック、スカーフ類を扱ったヒジャーブ専門店が次々とオープンし、お洒落な着こなし方を紹介する雑誌が創刊された。同様の動きは、近年、中東や欧米、アジアなど各地で見られる。

70年以上の歴史を刻む、日本の2大モスク
大通り沿いにそびえる、白い尖塔が目印。

東京ジャーミイ Tokyo Camii

代々木公園を背にして井ノ頭通りを進むと、「東京ジャーミイ」の空を衝くミナレットと大きなドーム屋根が姿を現す。その歴史は古く、戦前にまで遡る。

ロシア革命によって迫害を受けたロシア・カザン州のトルコ系ムスリムは、満州を経て日本へ移住してきた。彼らは１９３８年に「東京回教礼拝堂」を設立。これが東京ジャーミイの前身となり、以来、都心に住むムスリムたちの拠りどころとして存続し続けてきた。

老朽化に伴い、トルコ全土から集められた寄付金で97年に再建されたのが現在の東京ジャーミイ。ジャーミイとはトルコ語で、一定以上の規模をもつモスクを指す。建設資材は水とセメント以外、すべてトルコ本国から送られ、彼の地からやってきた１００人もの建築家や職人たちが1年間にわたって滞在。伝統的なオスマン様式の礼拝場が新たに誕生したのである。

正門の木戸から中に入ると周りの空気が変化したことに気付く。喧騒が遠のき、かすかに異国の香りがする。1階には講演会や断食明けの夕食会、チャリティバザーのほか、さまざまな催事が行われる多目的ホールをはじめ、図書室やイスラム美術の展示室などがあ

都心の喧騒の只中にある本格的なオスマン様式の建造物。白いミナレットとドーム天井はひときわ目立つ。

代々木上原駅から徒歩4分。伝統的なオスマン様式のジャーミイで敷地面積は734㎡。礼拝場とホールを合わせると2000人が収容可能な礼拝場で、信者の結婚式やイスラムに関する催事が行われる文化センターでもある。見学者も随時受け入れており、年間7000人もの人々が訪れる。5人以上の団体での見学は要予約。トルコ人のイマーム自らジャーミイの歴史や特徴を解説してくれることもある。

●東京都渋谷区大山町1-19
☎03·5790·0760 (開)10時～18時(年中無休) www.tokyocamii.org

礼拝場の最前面には他のモスク同様にミフラーブがある。金曜礼拝時には、壁に近いほうから順に埋まる。

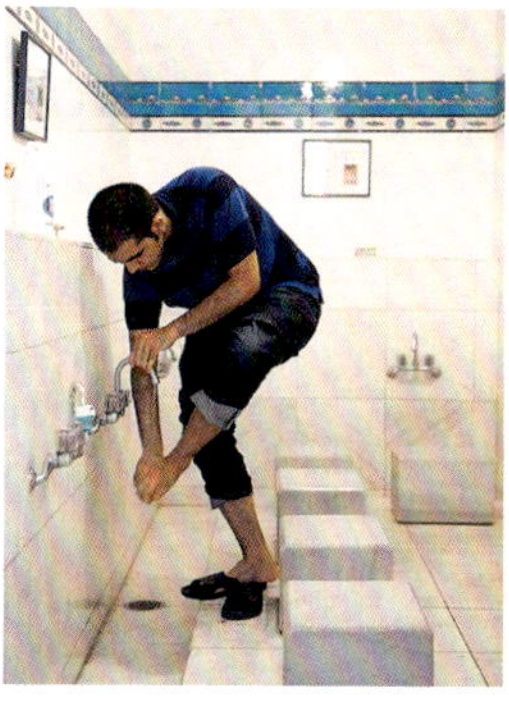

右：専用の水場で、礼拝前に身体を清める。手や腕、足、顔にいたるまで念入りに。女性にも専用の水場を用意。左：礼拝場に集まり始めた信者たち。金曜礼拝のとき以外でも、日に5回行う礼拝時には多くのムスリムの姿が。

る。ここが、イスラム文化のセンターとしても機能していることがわかる。

物珍しげな見学者を尻目に、信者たちは2階へと進む。階段下には礼拝前の「ウドゥー」のための水場が設けられている。社寺へ詣でる前にわれわれが手や口をすすぐように、彼らもまた神前へ進む前に身を清める。その手順は厳格であり、念入りだ。

正門の木戸上部には「東京ジャーミイは神の館」と。外階段から直接、2階の礼拝場へ行くこともできる。

2階にある礼拝場は大きい。悠々と高いドーム天井の下、深緑色の絨毯に人々がぎっしり座ると、６００人を超す大人数での礼拝が可能となる。午後12時半を過ぎると民族衣装を身に着けた女性や、イヤホンで音楽を聴く巨漢の黒人男性など国籍を問わずさまざまな人々がここへやってくる。この日は金曜日。コーランに定められた集団礼拝の日だ。友人を見つけて談笑する彼らを見ると、まるでこれから楽しいパーティが始まるかのようだ。「ミフラーブ」が設えられた最前列から順に席は埋まっていく。やがて、場内に礼拝の始まりを告げる「アザーン」が響き渡る。イスラム教国を旅したことがある人ならば、朗々とした呼び声に聞き覚えがあるだろう。純白の衣に赤い帽子を被ったイマームが「ミンバル」へ登り、説教を始める。アラビア語、英語、そして日本語で彼はアッラーを称え、その教えが現代社会でいかに必要かを説く。心にまっすぐ語りかける言葉だ。

礼拝場のドーム天井。中心の青い円にはコーラン第112章1-4節「かれはアッラー、唯一なる御方であられる」から始まる章句のカリグラフィが描かれている。

彼らの眼には、遥かなるメッカが確かに見えていた。

いよいよ礼拝だ。

信者たちは皆、まっすぐキブラ（メッカのカーバ聖殿の方角）に向かって立ち、これから自分たちが金曜礼拝を行う意思表明「ニーヤ」の言葉を唱える。この直立の姿勢を「キヤーム（立礼）」という。

辺りに緊張感がみなぎる。ミンバルを降りたイマームはミフラーブの前に立ち、決然と、しかし静かにこう唱えた。

アッラーフ・アクバル。

神（アッラー）は偉大なり、という意味のアラビア語が場内に轟いた瞬間、人々はいっせいに腰を90度に折り、小句を唱えて頭《こうべ》を垂れた。その背筋はいずれもまっすぐに伸びている。これを「ルクーウ（屈伸礼）」という。

短い句を唱えながら直立の姿勢に戻り、再びイマームの声が響く。

アッラーフ・アクバル。

瞬間、あたりは静寂に包まれた。誰もが額ずき、ただひたむきに、アッラーへ服従の意思を表す。この「サジュダ（平伏礼）」はアッラーに対する人間の敬意を表す最良の姿勢。両手をつき、額と鼻先を床へつけるのだ。

屈伸礼1回、座礼2回で構成されるのが礼拝の1単位「ラクア」。1日5回の礼拝は捧げる時間によって長短がある。礼拝後は互いの平安を祈ったり、近況を確認し合ったりと実に穏やか。

礼拝中は無論、私語厳禁。規則を逸脱すれば、祈りそのものが無効となってしまう。彼らはいま、ここで神と向き合っているのだ。

イマームが「アッラーフ・アクバル」と唱えると同時に、全員がいっせいにひざまずく。日本の座礼とは違い、額と鼻先を床にしっかり着けるためにお尻が踵から離れてもよい。

説教を終えたイマームがミンバルから降り、いよいよ集団礼拝が始まった。写真はまだ全員で直立している状態。皆がイマームの発声に耳を傾け、場内に緊張感がみなぎる。

正しいサラート（礼拝）を行うために、その姿勢をきちんと学ぶ。

キヤーム（立礼）。両手を耳の高さに上げてからへそまで下げ、右手を上にして重ねる。

ルクーウ（屈伸礼）。アッラーフ・アクバルと唱えながら背筋を伸ばして頭を下げる。

サジュダ（平伏礼）。額、鼻の先、両手を床に着ける。五指は揃えてキブラの方向へ。

サジュダから正座に戻った状態。礼拝は、右、次いで左を向いて人々の平安を願って終わる。

ドゥアー（祈願）。礼拝の後は、手の平を上に向けてさまざまなことを神に祈願する。

神戸ムスリムモスク

2度の災禍をくぐり抜けた、日本最古の現存モスク

Kobe Muslim Mosque

吹き抜けの2階部分は、女性信者専用の礼拝スペースとなる。髪を覆うスカーフなども貸し出し可能だ。

天井近くまでの高さがある窓。黄色に着色されたガラスを通して、優しい光が祈りの空間に満ちていく。

半球形のドームと1本の円筒型ミナレット、煌めく星。シンボリックな絵に故郷への思いを馳せたのだろう。

写真では見えないが、エジプト式2対のミナレットに挟まれて、インド式銅板葺きのドームが鎮座する。

金曜日の正午過ぎ、観光客で賑わう神戸・北野異人館街。礼拝の時を告げるアザーンが風にのって流れてくると街の風景が一変し、さまざまな国籍のイスラム教徒たちであふれ出す。

「多いときには20カ国２００人の信者が、神戸ムスリムモスクの集団礼拝に訪れます」と話すのは、パキスタン出身で在日36年になる理事の新井アハサンさん。礼拝には神戸のみならず、関西一円のムスリムたちが集う。

神戸ムスリムモスクは、１９３５年に建設され往時の姿をとどめる日本最古のモスクだ。神戸大空襲や阪神・淡路大震災など2度の災禍にも耐えた。館内には爆撃で一面焼け野原のなかモスクだけが佇む写真が飾られている。

1931年の日本初の名古屋モスクに次いで、35年に完成。ドームをそなえる鉄筋コンクリート造。名古屋モスクは戦災で焼失したが、神戸モスクは、神戸大空襲や95年の阪神・淡路大震災にも倒壊することなく、昭和初期の建物が残る。関西在住のムスリムたちにとって象徴的な存在だ。周辺にはハラールレストランやショップがあり、アフリカ、中近東、インドネシアのハラール食材も揃う。

●兵庫県神戸市中央区中山手通り2-25-4
☎078-231-6060　㊐10時～19時（見学の場合）　www.kobemosque.info

中央にあるのがメッカの方角を示すミフラーブ。大理石製で金字の模様に縁取られている。右手にあるのがミンバル。

設計は、チェコ出身の建築家ヤン＝ヨセフ＝スワガー。アントニン・レーモンドの弟子で横浜のカトリック山手教会や北海道のトラピスト修道院改修など、いくつかの宗教建築を手がけた。

東京ジャーミイとは対照的に、神戸モスクの建設は、当時１０００人近くいた関西在住のムスリム自らの寄付によって実現した。神戸で財を成したインド人貿易商たちが中心となり、国内やインドにまで資金集めに奔走。なかにはロシア革命で国を追われたタタール人のなけなしの寄付もあった。

このモスクにはインド式のドームやエジプト式の２対のミナレットなど各国のイスラム建築の要素が織り交ぜてある。国を超えイスラム共同体として、極東の地で生きることを選んだ先人たちの気概を感じさせる。同時に遥かなる故郷と聖地への飽くなき郷愁も込められているのだ。

（脇本暁子）

日常生活で役に立つ、ムスリムとの交際術。

Q1 全イスラム圏で通用する挨拶は？

イスラム世界共通の挨拶といえば「アッサラーム・アライクム」。「あなたの上に平安がありますように」という意味で、昼夜を問わず同じフレーズを用いる。返事は「ワ・アライクム・ッサラーム」と応じ、至近距離の場合は握手を伴うことも多い。

　サウジアラビアなど（アラブ世界）では、親しい男性同士で頬と頬をくっつけてのキスをすることもあるが、男女間では不適切だ。

　ちなみにムスリムにとってお辞儀とはアッラーに対するものなので、人間同士では不要。自分よりも目上の人には手の甲にキスをするなどして敬意を表することもある。

　また、大人数が集まっている場所に立ち入る場合、少ない人数の側から声をかけるのが礼儀だとか。

Q2 お葬式はどうするの？

イスラムの葬儀は他の宗教に比べて簡潔だ。聖職者はいないため、参列者が遺体を洗い、布で包んで祈りを捧げる。場所はモスクだが、普通の礼拝と違うのは、皆が立った状態で進行すること。イスラムにはいわゆる檀家のような概念はないが、いきつけのモスクで行うのが一般的のようだ。

祈りが済んだら参列者が共同墓地へ運ぶ。遺体は土葬され、墓石は置かないよう勧められる地域では、どの部分が誰の墓か判然としないこともある。

彼らの葬儀に招かれたら、知人の忠告に従って参列すれば問題ない。逆に要望がない限り、彼らを日本の葬儀には招かないでもよい。イスラムは仏教を偶像崇拝で多神教としており、その儀式に参列する人は稀だろう。

Q3 どうして似た名前ばかりなの？

ムスリムは生後7日を経たらイマーム（宗教的指導者）と家族を前に命名式を盛大に祝う。偉人の徳にあやかって名付けるため、男児なら開祖ムハンマドやイブラーヒーム（アブラハム）など歴代預言者の名前、女児ならムハンマドの娘のファーティマや妻のアーイシャなど似た名前が多い。

異教徒が改宗する場合、通常イスラム名が付けられるが、インドネシアのような例外もある。アブドゥッラー（アッラーの僕《しもべ》）のように、「アブド」で始まる名前の場合、アブドの後にくるのはいずれも99あるアッラーの美名とされ、信仰を表現する良い名前と考えられる。

ちなみに、おなじみのアラジンは正しくはアラーウッディーンで「宗教の高み」のことである。

Q4 日本観光案内はどこがおすすめ？

ムスリムの友人を日本国内の観光に案内するなら注意すべき点がひとつある。彼らは仏像や肖像画などにほぼ興味を示さないということだ。

なぜなら彼らにとってそれらは紛れもない

「偶像」であり、無意味なものにしか映らないからだ。子どものおもちゃは構わないが日本人形のように、人間の形をリアルにかたどったものはやはり偶像扱い。人物を描写した作品の場合、写真はOK、絵はNGなど個々人で線引きが異なるので一概には言えない。

彼らを案内するなら美しい自然や、歴史的な建造物がよい。神社仏閣へ赴く場合、外観のみなら構わないが、中に入っても興味を持たれないし、場合によっては不快な思いをさせてしまうこともあるかもしれない。

Q5 利子を取らない金融ってアリ？

イスラムは利子を禁じることで知られているが、驚くことにいま、彼らの金融が世界で注目を浴びている。

イスラム世界の銀行は2部門に分かれる。お金を預かるだけの銀行と、預かったお金を出資して得た利益を分配する銀行だ。その根底にあるのは利子でなく、利益も損失も共に分かち合う思想だ。

彼らの間で利子が禁じられるのは、ただお金があるというだけで確実に増えてしまうため。イスラムの経済は物の独占や滞留を禁じ、お金はあくまでも商売の手段でなければならないのだ。

目下、バーレーンやマレーシアの中央銀行などはイスラム金融のハブを目指しており、非イスラム国家のイギリスなどでもイスラム銀行が設立されている。

Q6 一緒に食事をするときには？

イスラム世界のオーソドックスな料理は大皿で豪快にふるまわれるもの。取り分けのための小皿などはないため、食べ残しや骨はその下の敷物に置いておこう。

食前は「ビスミッラー（アッラーの御名において）」、食後は「アル・ハムドリッラー（アッラーに賞賛あれ）」と感謝の言葉を捧げる。

食事では、右手で食べるのが普通。理由は悪魔が左手を使って食べるとされているからで、ヒンドゥー教のように「不浄の手」という認識とは異なる。水の容器で回し飲みをすることが多く、同じ場所に口をつけても構わない。

彼らを日本でもてなす場合、豚肉はもちろん牛肉や鶏肉であっても食べない人もいる。肉料理ならハラールであることを示してあげるのが親切だ。

Q7 もし、ムスリムに恋をしたら？

ムスリムである異性との交際は、結婚を前提とすることをまず肝に銘じよう。どの程度まで日本人の異性と同様の交際をしていいのかは、相手の信仰によるはずだ。

ムスリム男性はキリスト教徒とユダヤ教徒の女性とは結婚できるが、ムスリム女性はムスリム男性としか結婚できない。それ以外は改宗の必要があり、父親などの後見人（ワリー）の許可も必須である。

ムスリムにとって結婚とは契約。イマームと2人以上の証人を前に条項を決め、「マハル」と呼ばれる結納金を男性が女性に対して支払う。一般的には女性本人の代わりにワリーが契約を行うことも多い。

招待客の式への参加は自由で、結婚した旨を告知する場がいわゆる披露宴。男女別に行われることもあり、女性側のほうが歌や踊りが入って盛り上がるという。国によって異なるが、長いと3日から1週間も続くこともある。

Q8 病院で注意すべきことはある？

イスラム圏の病院では、受付で男性と女性

が分けられることがある。

女性患者は女性医師が診るのがベストだが、医師は男性が占める割合がまだまだ多く、男性医師が女性患者を診察するケースは多い。そのため男性の産婦人科医に対して妊婦の夫が過剰反応を示すなどの事件もある。日本でムスリムを病院に連れていくなら、産婦人科などは女医を選ぶのが賢明だ。

イスラムは脳死を認めていないため、心臓が動いている限り生きていると見なされる。献血はもちろんＯＫ。臓器移植も相手が誰でも問題ないが、その場合、臓器の売買は禁じられている。

避妊や中絶は基本的にＮＧ。子どもの数が多くてもアッラーは面倒を見てくれるという発想だが、出産時に母体に危険が及ぶ場合はその限りではない。中国のひとりっ子政策もムスリムには特例措置が取られている。

Q9 お正月ってあるの?

ムスリムの1年の感覚はわれわれとはずいぶん違う。彼らはムハンマドがメッカからメディナへ移った西暦６２２年を元年とする「イスラム暦」に基づいて生活しているからだ。イスラム暦は太陰暦のため、太陽暦とは毎年ずれ、季節の感覚も異なる。

彼らにとって1年の節目となるのが2大祭。ひとつは犠牲祭と呼ばれる「イード・アル・アドハー」。イブラーヒームが息子イスマーイールをアッラーへの犠牲として捧げようとした故事にちなみ、メッカへの巡礼が行われるイスラム暦12月10日を祝う祭日だ。

そしてもうひとつが毎年の断食明けを祝う「イード・アル・フィトル」であり、これが日本でいうお正月に当たる。ただし、イスラムに年賀状は存在しないため、こちらから出しても返信がこないこともある。他意はないようなので、思い悩まないように。

Q10 礼拝はどこでもできるの？

ムスリムの友人が日本の自宅に泊まりに来たとする。１日５回の礼拝のため、場所や時刻はどうするのか、こちらがそわそわしてしまう。

だが、そんな心配はまったく無用。彼らの信仰行為は彼らに任せておけばよいのだ。もし、礼拝をしたいとの申し出があれば、彼らが持参した敷物を広げる場所だけ提供してあげよう。万が一敷物がない場合、清潔な布などでも十分に代用可能だ。

メッカの方角は、日本から見て大体西北西を示してあげるとよいが、気になる人はきっといつでもコンパスを携帯しているはずだ。

逆にイスラム圏をわれわれが旅行する場合、建物の内外問わず、礼拝中のムスリムの眼前を横切るのは当然ながら御法度だ。大抵、彼らは礼拝の「パーソナルスペース」を、手荷物を地面に置くなどして示しているから、そこより内側には入らないように気をつけよう。

Q11 子どもたちが一番最初に習うことは？

ムスリムの子どもたちは、それぞれの国が定める初等教育が始まる以前に、モスクでコーランを学ぶ。最初に行うのはアラビア文字を読めるようになること。アラビア語圏でなくとも、ムスリムならばアラビア語で書かれたコーランを読めるのが望ましい。

入学後の事情は国によって異なるが、インドネシアのような多宗教国家の場合、「宗教」の授業は信仰ごとに分かれて行うこともある。

在日ムスリムは日本の学校に子どもたちを

入学させるのに多くの不安がある。日本の学校で彼らを預かる場合、気をつけるべきはまず体育。特に女子の場合、両親の方針によっては短い体操着を着用したり、男子と一緒にプールに入るのは難しいかもしれない。

また、一般の学校給食の献立にはムスリムが食べられないものも多く含まれているため、例外的にお弁当を許可するなど、独自の配慮が必要だろう。

Q12 アラブ社会のIBMって？

ムスリムとの会話でよく引き合いに出されるのが「インシャーアッラー」という言葉。「神が望むならば」という意味で、約束を交わした後などに口にされる。遅刻の口実に「神が望まなかったから」と言い訳する人もいるが、これは当人が不真面目なだけ。ムスリム全員が時間にルーズなわけではない。

この「インシャーアッラー」のIに「ボクラ（明日）」のB、「マレーシ（気にするな）」のMの頭文字を合わせて、アラブ社会で用いられる常套句のIBMと呼ぶ人も。「ボクラ」は何かを頼んだ際によく返される言葉。本当に明日やってくれるのか、心配になる返事である。

「マレーシ」は本来「あなたに害が及びませんように」という意味で、被害を受けた側が相手を責めない意味で言うものだが、こちらの足を踏んだ相手が使うこともあり、ついついムッとしてしまうというエピソードも。

（石﨑貴比古）

[参考文献]

『アラビア科学の歴史』ダニエル・ジャカール著、吉村作治監修、遠藤ゆかり訳(創元社、2006)
『イスラーム この1冊でイスラームのすべてが見える』ポール・ランディ著、小杉泰監訳(ネコ・パブリッシング、2004)
『イスラーム 社会生活・思想・歴史』小杉泰／江川ひかり編(新曜社、2006)
『イスラム建築がおもしろい！』深見奈緒子編(彰国社、2009)
『イスラーム建築の見かた 聖なる意匠の歴史』深見奈緒子著(東京堂出版、2003)
『イスラーム世界の女性たち』白須英子著(文春新書、2003)
『イスラームとジェンダー』ズィーバー・ミール＝ホセイニー著、山岸智子監訳(明石書店、2004)
『イスラームとは何か』小杉泰著(講談社現代新書、1994)
『岩波イスラーム辞典』(岩波書店、2002)
『イスラームの歴史2 イスラームの拡大と変容』小杉泰編(山川出版社、2010)
『岩波 世界の美術 イスラーム美術』ジョナサン・ブルーム／シーラ・ブレア著、桝屋友子訳(岩波書店、2001)
『新イスラム事典』(平凡社、2002)
『すぐわかるイスラームの美術』桝屋友子著(東京美術、2009)
『図説 科学で読むイスラム文化』ハワード・R・ターナー著、久保儀明訳(青土社、2001)
『図説 コーランの世界 写本の歴史と美のすべて』大川玲子著(河出書房新社、2005)
『世界のイスラーム建築』深見奈緒子著(講談社現代新書、2005)
『世界美術大全集 東洋編 第17巻 イスラーム』杉村棟責任編集(小学館、1999)
『トルコ・イスラム建築』飯島英夫著(冨山房インターナショナル、2010)
『ムハンマド イスラームの源流をたずねて』小杉泰著(山川出版社、2002)

協力／学術協力　柏原良英（拓殖大学イスラーム研究所主任研究員／p.8〜14、p.26〜35、p.45、p.150〜156）、
橋爪 烈（千葉科学大学講師／p.36〜43、p.94〜99）、
市川 裕（東京大学文学部教授／p.44〜46）、
深見奈緒子（早稲田大学イスラーム地域研究機構上級研究員／p.52〜81）、
桝屋友子（東京大学東洋文化研究所教授／p.82〜93）、
後藤絵美（日本学術振興会特別研究員・東京大学／p.132〜141）

文　橋爪 烈（p.36〜43）、深見奈緒子（p.52〜61、p.78〜81）、橋場一男（p.62〜77）、
土田貴宏（p.82〜93）、石崎貴比古（p.94〜99、p.150〜156）、サラーム海上（p.100〜104）、
細川直子（p.112〜117）、後藤絵美（p.132〜141）、脇本暁子（p.148〜149）

写真　アリ・ラナ（p.2〜3、p.49、p.119〜121）、野町和嘉（p.16〜22、p.28〜29、p.32、p.48）、
佐野 篤（p.33、p.143〜147）、メフメット・カチマズ（p.50〜51、p.81、p.112〜117）、
森本 徹（p.54〜61、p.157）、深見奈緒子（p.76）、M.J.カン（p.107〜111）、
エイミー・セイリグ（p.123〜125）、ジェイ・ビエラク（p.127〜128、p.130〜131）、
後藤絵美（p.139〜141）、蛭子 真（p.148〜149）

写真提供　アマナイメージズ／PPS通信社／アフロ／下山 茂／酒井洋一／黒木英充／岡山市立オリエント美術館

取材／コーディネート　アミン・ウラー・ベーグ＆ベーグ伊藤瑤美（Silkroad Caravan PAKISTAN／p.2〜3、p.49、p.118〜121）、
山田敏弘（p.106〜111）、稲石ちなみ（p.122〜125）、矢吹恭子（p.126〜131）

地図・イラスト制作　デザインワークショップ・ジン（p.36〜38、p.62〜65）

校正・校閲　麦秋アートセンター

ブックデザイン　SANKAKUSHA

カバーデザイン　黒羽拓明（SANKAKUSHA）

pen BOOKS
イスラムとは何か。

2013年3月15日　初版発行

編　者　ペン編集部
発行者　五百井健至
発行所　株式会社阪急コミュニケーションズ

〒153-8541　東京都目黒区目黒1丁目24番12号
電話　03-5436-5721（販売）
03-5436-5735（編集）
振替　00110-4-131334

印刷・製本　大日本印刷株式会社

ISBN978-4-484-13204-4